DE LA MAISON

D'AUZOLLES

(AUVERGNE)

SAINT-FLOUR

IMPRIMERIE F. BOUBOUNELLE, PLACE D'ARMES

1889

Pour la Bibliothèque Nationale

d'[illegible]

GÉNÉALOGIE

DE LA MAISON

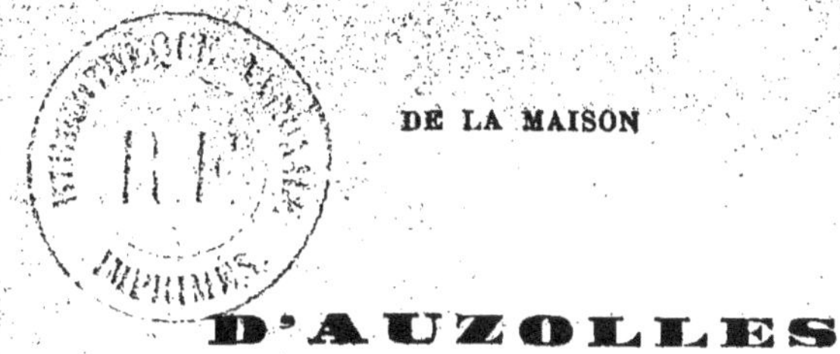

D'AUZOLLES

Photolitho P. Rouston.

Société Polygraphique Roanne

GÉNÉALOGIE

DE LA MAISON

D'AUZOLLES

(AUVERGNE)

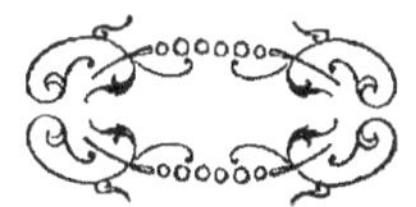

SAINT-FLOUR
IMPRIMERIE F. BOUBOUNELLE, PLACE D'ARMES

1889

D'AUZOLLES

Seigneurs D'AUZOLLES, DU CUZE, DES TERNES, DE LA SANHOLLE, DE LA PEYRE, DE LA CAVADE, DU SERRE, DE LAURIAT, DE DURBIAT, DU BOUCHARAT, DE L'HERM, ETC., *en Auvergne.*

ARMES : *D'azur à la bande d'argent, chargée de trois roses de gueules boutonnées d'or et feuillées de sinople.* Casque de front orné de lambrequins. *Supports :* deux Apollons habillés en bergers. *Cimier :* un Apollon. *Devise :* Plus en effect qu'en apparence. *Cri :* ΟΖΟΛΑΙ.

D'après une tradition de famille constante, les d'Auzolles d'Auvergne seraient arrivés dans cette province à la suite de l'émigration d'une tribu d'une peuplade locrienne fixée à l'ouest du mont Parnasse : les ΟΖΟΛΑΙ (1). Cette tradition est aussi admissible que celle qui fait, dès les premiers temps historiques, peupler l'Arvernie par des émigrants des bords de la mer Caspienne et de la mer Noire.

Si rien ne justifie ces traditions aux yeux de l'histoire, qui n'admet que des faits prouvés par des documents authentiques et certains, le généalogiste ne doit point les rejeter sans en tenir compte. En effet, il y trouve comme un résumé du caractère

(1) D'Auzolles de la Peyre rapporte cette légende en ces termes : « Tous « les Auzolles, ou Ozoles de France, du nombre desquels j'ay l'honneur « d'estre, se croient estre descendu des Ozoles de la Grèce, lesquels habi- « tèrent jadis l'un et l'autre costé du mont Parnasse, et d'autant que ce mont « fut sacré à Apollo, ce n'est pas sans raison que ceux de ma famille ont pour « supports et cimier de leurs armes trois Apollo habillés en bergers. » *Le Berger chronologique*, Paris, Alliot, 1633, in-8°, p. 228.

spécial des races qu'il étudie, et ces ténèbres qui couvrent le berceau des familles sont les titres les plus précieux de leur lustre et de leur antiquité.

Dédaigneux de la plaine qui n'a point de physionomie propre, les Auzolles, ces fils de la neige et du brouillard (1) « nés d'une race dure » (2), semblent, aussitôt qu'on peut les apercevoir dans les annales de notre pays, avoir été attirés par les hauts pics rocheux de l'Auvergne dont les aspects abrupts, immuables devant les injures du temps, convenaient à leur tempérament de fer, à leur amour des armes et des combats, à leur humeur aventureuse et inflexible ; en tout cela semblables aux peuples auxquels ils veulent se rattacher.

Groupés d'abord sous la bannière des sires de Mercœur puis du comte de Joigny et des dauphins d'Auvergne, on trouve les Auzolles établis, comme une tribu importante, sur le revers oriental de la montagne du Luguet « au chastel d'Auzolles » dans les paroisses de Saint-Alyre-ès-Montagnes, de La Chapelle-sous-Marcousse et d'Anzat.

Géraud, Bernard, Hugues, Durant et Guillaume d'Auzolles, écuyers, hommagèrent, en 1302, à Béraud, seigneur de Mercœur, connétable de Champagne, à cause de sa châtellenie du Luguet, tout ce qu'ils possédaient dans ces paroisses. Il serait impossible de se prononcer sur les rapport de parenté qui existaient entre eux, car les analyses de l'inventaire de la seigneurie de Mercœur sont trop sommaires pour nous permettre de soulever ce voile. Ils ne vivaient plus en 1334, date à laquelle Etienne de Belle-Aigue, écuyer, du chastel de la Bussière, renouvela, en sa qualité de mari d'Haelips d'Auzolles, fille de feu Bernard d'Auzolles, le même hommage à Charles de Valois, le nouveau seigneur de Mercœur par son mariage avec Jeanne de Joigny. Il y a tout lieu de penser qu'Haelips d'Auzolles, veuve avant 1341, avait pour sœurs : Béralde d'Auzolles, mariée à Robert Crespy, dit de la Roche, écuyer, vivant en 1332, et Sibille d'Auzolles, mariée à noble Jean de Dardes, de la paroisse de La Chapelle-sous-Marcousse, mort avant 1336 (3).

Ce fut sans doute vers ces époques reculées qu'une branche de cette maison, probablement la seule encore maintenant repré-

(1) Le mont Parnasse a 2460 mètres d'altitude.

(2) D'AUZOLLES DE LA PEYRE, *Le Berger chronologique*, p. 226.

(3) *Inventaire des titres de la seigneurie de Mercœur*, XVe siècle. Archives nationales, O, 21051. — Nous donnons en appendice, n° 1, les extraits de cet inventaire qui concernent la famille d'Auzolles.

sentée, s'enrôla sous la bannière des vicomtes de Carlat et de Murat, princes batailleurs et remuants, dont les allures n'étaient pas sans rapport avec celle des Auzolles, et vinrent se fixer, lors de la réunion des deux vicomtés en 1414, dans les environs de Murat. Le 15 juin 1420, par acte reçu Barthélemy Brossier, notaire à Murat, Guillaume d'Auzolles fit hommage à Bonne de Berry, comtesse d'Armagnac et de Rodez, vicomtesse de Carlat, de sa maison appelée d'Auzolles, et ses dépendances, sise en la paroisse de Raulhac, diocèse de Saint-Flour (1). Guillaume d'Auzolles fut très probablement le père de Bernard d'Auzolles qui, le 16 avril 1456, devant Hugues Chalmel, notaire à Murat, rendit le même hommage à Jacques d'Armagnac, duc de Nemours, pair de France, vicomte de Carlat et de Murat (2). Suivant l'ordre des temps, l'on peut supposer que Bernard fut le père de Jean d'Auzolles, marié en 1462 à Jeanne des Maisons (3), de Puybasset (4). Jean d'Auzolles et sa femme faisaient partie de la maison de cet infortuné Jacques d'Armagnac, duc de Nemours, à qui Louis XI fit trancher la tête le 4 août 1477, et de la duchesse de Nemours. A la naissance de Marguerite d'Armagnac, leur fille, plus tard mariée à Pierre de Rohan, maréchal de France, Jeanne des Maisons « lui donna de son lait ». Elle vivait le 15 mai 1498, âgée d'environ cinquante ans (5).

Ruche féconde, cette famille essaima de tous côtés et se

(1) Archives de la famille de Pestels.

(2) *Idem.*

(3) *Maisons (les)*, gros village avec un château. Pierre des Maisons, damoiseau, en fit hommage, en 1290, avec le monastère de Saint-Flour. Lorsque les Anglais envahirent ces contrées, en 1357, ils se saisirent du fort des Maisons. Ils en furent chassés en 1359. Cette forteresse, que l'on désignait par le nom de la Tour-des-Maisons, n'existe plus depuis longtemps. La tradition rapporte qu'il y avait jadis à la Tour-des-Maisons un souterrain qui se prolongeait jusqu'à la planche de Montchamp. DERIBIER, *Dictionnaire statistique et historique du Cantal*, t. V, p. 492 et 493.

(4) *Puybasset*, village sur une hauteur, au nord-ouest de Carlat. Les vicomtes de Carlat y percevaient un droit de péage. De ce lieu, la vue s'étend à la fois sur les vallées de la Cère et de la Jordanne. *Dictionnaire statistique du Cantal*, t. III, p. 52.

(5) Voir : Enquête faite en la ville d'Aurillac, le 15 mai 1498, au sujet de la dot faite par Marguerite d'Armagnac à Passonne de Châteauneuf, lors de son mariage, en 1489, avec François de Dienne, seigneur de Moissac et de Nussargues. *Archiv. départem. du Cantal*, série E, fonds Montboissier, liasse 21.

répandit dans la haute et basse Auvergne (1), comme nous allons le voir. Ces migrations nombreuses, et encore plus l'extinction des branches aînées, ont été la cause de l'anéantissement complet des archives de cette maison. Pour connaître leur histoire, les Auzolles sont maintenant obligés de recourir aux dépôts publics et aux collections privées. De là l'impossibilité presque absolue d'établir une filiation régulière et prouvée pour ces époques lointaines. Il n'en sera pas de même pour les temps plus rapprochés de nous. Nous aurions pu remonter leur filiation à deux ou trois degrés plus haut, mais nous n'avons rien voulu avancer sans preuves. Toutefois l'on pourrait regarder, avec la plus grande vraisemblance, Jean d'Auzolles et Jeanne des Maisons comme les auteurs des diverses branches de la maison d'Auzolles qui vont suivre :

I. N.... d'Auzolles, seigneur d'Auzolles, habitant en son château d'Auzolles, au lieu et paroisse de Saint-Hilaire-de-Moissac-l'église fut père de :

1. François, qui suit ;
2. Noble François d'Auzolles, religieux bénédictin à l'abbaye de Mozac. Le 6 mars 1513, par acte reçu Fressange, notaire royal à Riom, il fit donation de tous ses biens, tant paternels que maternels, à son frère aîné François.
3. Pierre, qui viendra en son rang, auteur des *seigneurs* des Ternes, de la Sanholle, de la Peyre et de la Cavade.

(1) Il existe, dans les départements du Puy-de-Dôme et du Cantal, onze localités portant le nom d'Auzolles.

Dans le Puy-de-Dôme, dans l'arrondissement d'Issoire et dans le canton d'Ardes : Auzolles, village de la commune de Saint-Alyre ; Auzolles, hameau, commune d'Anzat-le-Luguet ; Auzolle grande et Auzolle petite, hameaux, commune de Trémouille-Saint-Loup, dans le canton de Latour.

Dans le Cantal : Auzolle, village, commune d'Alleuze, canton de Saint-Flour ; Auzolles haut et bas, villages de la commune d'Espinasse, canton de Chaudesaigues ; Auzolles, village, commune de Saint-Mary-le-Plain, canton de Massiac, arrondissement de Saint-Flour ; Auzolles haut et bas, villages de la commune de Bredon, canton et arrondissement de Murat ; et Auzolles, hameau de la commune et du canton de Vic-sur-Cère, arrondissement d'Aurillac.

4. **Anne d'Auzolles**, mariée à noble Antoine de Chazelles, habitante du lieu d'Ussel, diocèse de Saint-Flour. Entre autres enfants, ils laissèrent nobles Guillaume et Louis de Chazelles et Halis de Chazelles mariée, par contrat du 2 février 1519, à noble Ythier de Dienne, seigneur de Saint-Eustache (1).

DE CHAZELLES : *d'azur à une test monstrueuse de léopard d'or, lampassé de gueules, au che cousu de même, chargé d'une étoile et d'u croissant de même.*

5. **Jeanne d'Auzolles**, mariée à Jean de Laubar, écuyer, seigneur de Laubar et du Cayre, d'où Jeanne de Laubar mariée d'abord à noble Charles le Grand, écuyer, sieur du Cheyrol, puis, par contrat du 6 juillet 1555, à noble Antoine Chalvet de Rochemonteix, écuyer, sieur de Barlières, fils de Guyot Chalvet, sieur de Vernassal, et de Anne Dupuy de Dienne (2).

DE LAUBAR :

II. François d'Auzolles, seigneur d'Auzolles, fut porté présent à l'appel du ban de 1523 (3). Le jour de la fête de saint Jacques, 25 juillet 1533, François d'Auzolles « ayant délibéré aller en guerre et service du Roy » fit son testament par devant Barthelmy de Solinhac, clerc et notaire juré de la cour de la chancellerie de Mercœur. Par cet acte, il donne cinq sols à chacun des quarante prêtres qui assisteront à son enterrement dans l'église paroissiale de Moissac ; le lendemain, aux prêtres de ladite paroisse trois sols et le dîner ; à treize pauvres, et à chacun, une aune de drap de Mende etc.... Il nomme pour héritier universel Pierre d'Auzolles, son fils cadet, et donne à Guyot d'Auzolles, son fils aîné, quatre cents livres tournois, et pareille somme à chacune de ses filles : Magdelaine, mariée à Jehan Dulhac, et Anne, lorsqu'elle sera d'âge de vingt-cinq ans. Enfin il nomme Jehanne de Besse, sa femme, dame et administraresse de tous ses biens (4). Il en avait eu :

DE BESSE : *d'azur au lion d'argent armé, lampassé et couronné de gueules ; écartelé d'or à 3 flanchis de gueules 2 et 1.*

1. **Guyot**, qui formera la branche des *seigneurs* du Serre et de Lauriat, laquelle sera détaillée après celle des *seigneurs* d'Auzolles.
2. **Pierre**, auteur de la branche des *seigneurs* d'Auzolles qui vient ci-après ;
3. **Magdelaine**, mariée avant 1533 à Jehan Dulhac.
4. **Anne**, mineure lors du testament de son père et dont on ignore la destinée.

(1) *Archives du château de Servilly*. Preuves de noblesse faites en 1778 par J.-L. de Dienne, chevalier de Malte.

(2) *Archives de* M. Ad. de Rochemonteix. — D'Hozier, *Armorial général*, Ve registre, 1re partie.

(3) *Mémoires de l'Académie de Clermont*. T. VI, p. 521.

(4) Voir ce testament, appendice n° 2.

Seigneurs d'Auzolles et du Cuzou

III. Pierre d'Auzolles, écuyer, seigneur d'Auzolles, résidant en son château d'Auzolles, paroisse de Moissac-l'église, au diocèse de Saint-Flour. Le 16 août 1568, M. de Saint-Hérem, chevalier de l'ordre du roi, capitaine de cinquante hommes d'armes de ses ordonnances, etc..., lui donna un certificat attestant qu'avant les funestes divisions qui déchirèrent le royaume, il avait servi sous les ordres du sieur de Fontenilles, en qualité de lieutenant d'une compagnie d'infanterie. Le 4 septembre suivant, Pierre d'Auzolles présente requête à l'effet d'être déchargé du ban et arrière-ban, attendu son service personnel durant les troubles, et d'obtenir la main-levée de la saisie de ses chevaux. Le 20 du même mois, il obtient une ordonnance conforme à ses conclusions. Il transigea le 27 février 1554 avec son frère Guyot au sujet de la succession de François, leur père, et eut la seigneurie d'Auzolles. Il vivait encore lors du second mariage de son fils Guyot. De Marguerite de Roquelaure, (probablement fille de Louis de Roquelaure seigneur de Pompignac, et d'Antoinette de La Tour-Saint-Vidal, sœur du fameux baron de Saint-Vidal, gouverneur du Velay), il laissait :

; Roquelaure : *...ur à 3 rocs d'é-* *...uier d'or 2 et 1 ;* *...besans d'or en* *...te 2 et 1* (qui est Roquelaure), *parti* *...gueules à la tour* *...rgent,* (qui est de la ...r-Saint-Vidal.

IV. Guyot d'Auzolles, écuyer, seigneur d'Auzolles et de Nussargues. Ayant emprunté 4.000 l. à Antoine de Séverac, par acte du 9 décembre 1616, il engagea à ce seigneur pour plus de 20.000 l. de terres de sa seigneurie d'Auzolles (1). Il contracta deux alliances : 1° le dernier avril 1593 avec Antoinette de la Volpilhère. — 2° Par contrat du 20 avril 1597 (2), reçu au château de la Roche-près-Brioude, par Jean Dupuy, notaire royal, Charlotte de Rochefort, fille à feu noble Jean de Rochefort, quand vivait seigneur de la Roche, et de demoiselle Antoinette (de Bouillé) de Collanges, dite d'Alleret. Par acte du 26 mai 1603,

La Volpilhère : *...ueules au chevron* *... chargé de cinq* *...teaux d'azur.*

: Rochefort : *...gent, à la bande* *...ée d'argent accom-* *...née de 6 merlettes* *...même en orle.*

(1) Ce fut en vertu de cet engagement que Jacques-François de Séverac, chevalier, seigneur du Cheylard, Chalinargues, Moissac, Rancilhac, ajouta à toutes ses qualités celle de seigneur d'Auzolles. François d'Auzolles, curé de Moissac, et Tristan d'Auzolles, seigneur d'Auzolles et du Cuze, firent assigner, le 10 janvier 1767, devant le sénéchal d'Auvergne, Hector-Antoine-Dominique de La Garde de Chambonnas, seigneur d'Allanche, en qualité de père et administrateur de ses enfants et de défunte Louise de Dienne de Cheyladet, sa femme, pour être condamné à restituer lesdites terres avec les lièves et terriers. Les d'Auzolles ne pouvant rapporter le titre primitif de l'emprunt, égaré dans l'étude du notaire d'Allanche, perdirent leur procès. *(Pièces de procédure et correspondance.)*

(2) Voir ce contrat de mariage à l'appendice n° 3,

EXTRAIT DES REGISTRES

DE LA

VILLE DE CLERMONT EN AUVERGNE

(Année 1575)

---

rre d'AUZOLLES
pitaine-Gouverneur
DE LA
E DE CLERMONT
En Auvergne

« Gaspard de Sainct Herem chevalier de l'ordre du roy, cappitaine de cinquante hommes d'armes de ses ordonnances, conseiller en son conseil privé, chamberlan ordinaire de Sa Majesté, lieutenant général et gouverneur pour led. Seigneur roy au pais d'Auvergne, au sieur d'Auzolles, salut. Comme pour obvier aux dessaingtz des ennemys et empescher leurs courses, pilleries executions, ransonnementz et bruslementz qu'ilz commectent d'ordinaire, tant sur le plat pays que villes et chasteaulx fortz d'icelluy lesquelz ilz taschent par leurs secretes menéez et intelligences surprandre et envahir par tous moyens, il soit besoing et très nécessaire pour le service du roy et bien de ce pays de commectre et ordonner des personnaiges de quallité, valeur et mérite en lieux plus importans et de consequance pour y commander avec ung nombre de soldatz et icelles villes et lieux fortz conserver soulz l'obéissance de Sa Majesté et garentir des pernicieuses entreprinses que lesd. ennemys tiennent et brassent de jour à aultre. Nous à ces causes à plain confians et certioréz de vos senz, souffizance, capacité, industrie, preudhomye, dilligence, vertu, vaillance, bonne conduicte prudence et longue expériance au faict des armes, vous avons esleu, choisy nommé, commis et député, commectons et depputons par ces presantes chef, cappitaine et gouverneur en nre absence de la ville de Clermont cappitalle et principalle d'Auvergne, pour dans icelle commander avec soixante dix soldatz lesquelz vous choisirez des meilleurs, plus aguerris experimentéz et hardis soldatz que se pourront recouvrer promptement a ce que par ce moyen et le bon ordre que vous y donrrez avec les habitans d'icelle lad. ville puisse estre maintenue en son entier, comme par la grace de Dieu, elle a esté jusques a presant. Si mandons et commandons aux officiers, eschevins, manans et habitans de lad. ville vous recepvoir, hobeyr, et accister prester main forte, secourir, favorizer et ayder de tout leur pouvoir et en somme faire ce que par vous avec l'advis desd. eschevins sera commandé et ordonné à la charge là où lesd. habitans défauldroient au faict que dessus et d'accister à tour de rolle au guet, garde et sentinelle de jour et de nuict, vous les y contrandrés par toutes voyes de justice deuez et raisonnables mesmes par emprisonnement de leurs personnes et exploictation de leurs biens si mestier est de ce faire vous donnons pouvoir, auctorité, puissance et mandement par ces pntes.

Donneez soubz le seing et sceel de nos armes le premier jour de novembre l'an mil cinq cens soixante quinze. Ainsi signé : Sainct Herem et plus bas Quentin.

Conseil du 25 Octobre

. . . .

Recevra-ton ou non les soldats du capitaine d'Auzolle. On demandera à M. de Saint Herem et de Fontanilhes quel gentilhomme il leur plaira mettre dans la presente ville pour y commander.

. . . .

Conseil du 28 Oct. 1575

. . . .

Le capitaine d'Auzolle est arrivé avec 15 ou 20 soldats. On lui demandera ses conditions.

. . . .

Conseil du 4 Nov.

. . . .

Le Capitaine. — Aussi a esté exposé que le sieur d'Ozolle venu en lad. pressant ville à la prière et requisition d'icelle et de Monseigneur de Fontanilhes avoit receu commission de M. de Sainct Herem, chevalier de l'ordre du Roy, cappitaine de cinquante hommes d'armes de ses ordonnances, lieutenant général et gouverneur pour Sa Majesté au pais d'Auvergne pour commander en lad. ville avec 70 soldats, des meilleurs, plus aguerris et expérimentéz qui se pourront recouvrer comme chef, cappitaine et gouverneur en l'absence dud. Sr de S. Herem de lad. ville de Clermont. Suivant laquelle commission led. S^r d'Auzolle avoit faict entendre ausd. s^rs eschevins qu'il desireroit que les habitans de la presant ville luy prestassent le serment de fidellité avec promesse qu'on ne randra lad. ville à aultre que aud. s^r de S. Herem lieutenant gen^l pour Sa Majesté en ced. pais pour les raisons qu'il leur a faict entendre; de quoy led. s^r eschevin a requis les comparans aud. presant conseil de délibérer et si on doibt recepvoir le serement dud. s^r d'Auzolle et de ses chefs. Sur quoy apprès lecture faicte de lad. commission soubzsignée par led. s^r de

Sainct Herem et plus bas Quentin. A esté deliberé et conclud qu'il ne sera à presant preste aulcun serement de fidellité par les habitans de lad. ville entre les mains dud. s[r] d'Ozolle, actandu qu'ilz ont preste le serement au roy, peult avoir seullement trois ou quatre ans et encore despuys le decez de feu Charles dernier decedé ont faict et prestre aultre serment de fidellité à Sa Majesté. Touteffoys a esté resollu qu'on luy fera déclaration que Mess. de la Justice et habitans de lad. ville le favorizeront et accisteront secoureront et ayderont de tout leur pouvoir sellon et aux termes contenuz et pourtez par la commission et presteront telle main forte pour la justice que besoing et requis sera.

On achetera 1/2 douzaine de lanternes.

Le s[r] d'Auzolle est prié de venir en la Chambre du Conseil, on lui fait part de la decision et de la bonne volonté de la ville. Ce faict led. s[r] d'Ozolle auroit requis lesd. comparans de luy promectre la foy de l'accister en tout ce qui concerne la conservation de lad. ville et le faire obeyr; ce qui'lz ont promis de faire.

reçu J. Dupuy, notair royal, noble demoiselle Charlotte de Rochefort, consorte de noble homme Guyot d'Auzolles, acheta de noble homme Gabriel de Gouzel, dict de Ségur, seigneur de Vèze et de Nussargues, habitant au lieu de Vèze, en la paroisse de Mazoire, évêché de Clermont, le village de Nussargues, situé en l'haut pays d'Auvergne, rières l'évêché de Saint-Flour, avec tous ses droits de haute, moyenne et basse justice, moyennant le prix de 5.060 livres tournois. Charlotte de Rochefort mourut en juin 1624. Son mari eut pour enfants :

1er LIT

1. Pierre d'Auzolles. Après la mort de sa mère, Antoinette de la Volpilhère, arrivée à la fin de l'année 1596, Guyot d'Auzolles obtint du juge ordinaire de Murat commission pour faire l'inventaire des biens de sa femme en présence de noble Pierre de la Volpilhère, seigneur de Faydit.

2e LIT

2. François d'Auzolles, qui suit ;
3. Antoinette d'Auzolles à qui sa grand'mère maternelle, Antoinette de Bouillé de Collanges, femme de Jean de Rochefort, légua 300 l. par son testament du 10 août 1613. Elle épousa par contrat du 24 novembre 1620, reçu au château de la Roche, par Jean Touchebeuf, notaire royal à Brioude, noble Jean de Salesse, sieur de Combes, y résidant, paroisse de St-Saturnin, diocèse de Clermont, alors sous la tutelle de noble Jean de Rochementeix, sieur du Cayre (1).

   de Salesse :

4. Jacques d'Auzolles, écuyer, seigneur de Nussargues, y habitant, marié par contrat, reçu le 2 juillet 1625, par Antoine Raymond, notaire royal à Aubijoux, à demoiselle Magdeleine Brives, fille de feu noble Jean Brives, seigneur d'Angladeix et de Peyrusse, et de demoiselle Clauda de la Billy, habitant à Marcenat (2). De cette union :

   de Brives : *d'argent à la banc de gueules.*

   A. Charlotte d'Auzolles, qui épousa, par contrat du 11 février 1657, reçu à Molompize par Tailhandier, notaire royal, Gilbert du Saulnier, écuyer, sieur de la Chaumette, fils de François du Saulnier, écuyer, sieur du Courdon, et de demoiselle Antoinette de Geneste de la Chaumette.

   de Saulnier : *d'azur à une fasc engreslée d'or accom pagnée de trois tête de léopard de même.*

   B. Marie d'Auzolles.
5. Noble Gaspard d'Auzolles, seigneur d'Araby, témoin du mariage de sa sœur Antoinette.

V. François d'Auzolles, écuyer, seigneur d'Auzolles et du Cuzou, habitant son château d'Auzolles. Il fut maintenu noble

(1) *Arch. départ. du Puy-de-Dôme*, Reg. des insinuations, t. 119, fol. 55.
(2) Id. Id. t. 146, fol. 403.

en l'élection de Saint-Flour, par jugement du 10 décembre 1666, rendu par Bernard de Fortia, Intendant d'Auvergne. Par acte du 17 janvier 1677, reçu François Tailhandier, notaire royal de la Veisseyre, paroisse de Joursac, il fit donation entre vifs de tous ses biens meubles et immeubles situés aux lieux et appartenances d'Auzolles, du Cuzou, de Moissac, sous la réserve de sa demeure dans sa maison et château d'Auzolles, à son fils aîné Maximilien d'Auzolles, écuyer, sieur d'Araby, qu'il charge de payer à ses frère et sœurs divers legs. Il veut être enterré dans l'église de Moissac et au tombeau de ses prédécesseurs (1). D'Isabeau de Chavaniat, qu'il avait épousée par contrat du 15 janvier 1645, il laissait :

ɪᴇ Cʜᴀᴠᴀɴɪᴀᴛ : *rgent à l'aigle ɔyée de sable, bec-e et membrée de ulcs.*

1. Mᴀxɪᴍɪʟɪᴇɴ, qui suit;
2. Fʀᴀɴçᴏɪs ᴅ'Aᴜᴢᴏʟʟᴇs, écuyer, sieur du Cuzou, qui prit le parti des armes.
3. Aɴᴛᴏɪɴᴇᴛᴛᴇ ᴅ'Aᴜᴢᴏʟʟᴇs. Elle fut mariée deux fois : 1° à François Danche, 2° à Joseph Danche, juge de Séverac, résidant au bourg de Joursac, qui, par acte du 7 mars 1686, reçu Ganilh, notaire royal, donna à sa consorte tous ses meubles meublants et bestiaux (2).
4. Aɴɴᴇ ᴅ'Aᴜᴢᴏʟʟᴇs, Sœur du Tiers-Ordre de Saint-Dominique. Le 27 août 1685, elle fit donation de tous ses biens à son frère Maximilien et à sa sœur Antoinette, alors veuve de son premier mari (3).

VI. Maximilien d'Auzolles, écuyer, sieur d'Araby, puis seigneur d'Auzolles et du Cuzou. Le 27 juillet 1685, il fit au bureau des finances de la Généralité d'Auvergne, à Riom, l'aveu et dénombrement de la maison forte et château d'Auzolles, dans laquelle il a sa résidence, composée d'une tour, créneaux, chambres, écurie, jardin, basse-cour, le tout entouré de fossés, assis et situé dans la paroisse de Moissac, élection de Saint-Flour, qu'il possède en fief de Sa Majesté, à cause de sa vicomté de Murat. Maximilien d'Auzolles fut marié par contrat reçu au château de Mardogne, le 21 septembre 1679, par Tailhandier, notaire royal, à Jeanne Pons, fille de Pierre Pons, seigneur de Montservier et de la Brugeyre, y habitant, paroisse de Joursac, et de Marie Vazelles. Leurs enfants furent :

1. Jᴇᴀɴ ᴅ'Aᴜᴢᴏʟʟᴇs, curé de Blesle, dont le nom figure, avec ceux de Messire Henri-Louis, comte de Chavagnac, lieutenant-général des

(1) *Arch. départ. du Puy-de-Dôme.* Reg. des insinuations, t. 160.
(2) *Id.* Id. t. 173, f. 56.
(3) *Id.* Id. t. 175, f. 44.

Edm. d'Auzolles, del. Phot. Roustan.

CHATEAU D'AUZOLLES (Moissac)

armées navales de Sa Majesté, et de Marie-Claire de Pons, abbesse de Blesle, parrain et marraine, sur une cloche encore existante dans l'église de Blesle, fondue, en 1743, par Pierre Marré et Blaise Surot, fondeurs de Brioude.

2. Anne d'Auzolles, morte avant 1761, mariée à François de la Rochette, écuyer, habitant au lieu de la Borie, paroisse de Saint-Just, dont :

Jean de la Rochette.

De la Rochette *d'azur à la fasce d'o accompagnée de troi étoiles d'argent, 2-1.*

3. Jean-Baptiste d'Auzolles, prêtre, prieur curé de Torsiac. Par son testament olographe du dernier août 1759, il donne 100 livres aux pauvres de sa paroisse et lègue à l'église de Torsiac son calice et tous les linges, nappes et aubes qui se trouveront en la chapelle de Brugeilles, excepté le surplis qu'il donne à son neveu, curé d'Autrac. Il veut toutefois qu'on laisse à la chapelle de Brugeilles l'autel garni de trois nappes et quatre chandeliers. Le calice de Torsiac sera vendu et l'argent employé aux réparations de ladite église. Il donne aux RR. PP. Capucins de Brioude 150 livres pour faire une mission à Torsiac, en réparation des fautes qu'il peut avoir commises dans son ministère. Enfin il nomme pour héritier son neveu, François d'Auzolles, curé d'Autrac, conjointement avec ses sœurs de Moissac. Il mourut à la fin de l'année 1761.

4. Jean, qui suit ;

5. Maximilien d'Auzolles, maître ès-arts de la Faculté de Bourges, fut nommé, par MM. les comtes et chanoines de l'église de Saint-Julien de Brioude, à la cure de la paroisse de Saint-Clément de la ville de Saint-Germain-Lembron, par lettres du dernier décembre 1724. Il prit possession de ce bénéfice le 28 janvier suivant, par acte reçu Auzat, notaire royal apostolique, en présence de Messire Guillaume Clerguet, curé de la paroisse de Saint-Germain de la même ville. Maximilien d'Auzolles fit partie de la Société de la *Couronne*, établie dans l'église collégiale de Saint-Germain, jusqu'à sa mort arrivée le 7 septembre 1760. Les prêtres sociétaires de la *Couronne* nommèrent pour lui succéder Messire Pierre Brunel, doyen, chanoine et curé de Mareughol (1).

VII. Jean d'Auzolles, écuyer, seigneur d'Auzolles et du Cuzou. Il mourut le 30 mars 1751, à l'âge de 66 ans. Il avait épousé, par contrat du 16 avril 1716, reçu Carlat, Antoinette Chabrier de la Salle. Celle-ci décéda le 4 février 1755, à l'âge de 62 ans. De cette union étaient provenus sept enfants :

Chabrier de la Sall *d'azur à une fa ondée d'argent acco pagnée d'une éto d'or accostée de de croissants d'argent chef et de trois larm d'argent en pointe.*

1. François d'Auzolles, docteur en théologie, né le 12 juin 1717. D'abord curé de Saint-Julien d'Autrac, il devint curé de Saint-

(1) Registre de la Société de la *Couronne*. Cabinet de M. Paul Le Blanc.

Hilaire de Moissac en suite de la résignation faite en sa faveur par Hugues Glaize. Il prit possession le 24 décembre 1761 et mourut le 17 avril 1787.

2. Tristan, qui suit;
3. Anne d'Auzolles, née le 18 octobre 1725, morte S. A. le 2 floréal an III, âgée de 78 ans.
4. Marie d'Auzolles, née le 15 mars 1730. Fut religieuse de la Congrégation de Saint-Joseph, à Beurières. Le 22 mai 1774, elle testa devant Rigodon, notaire royal, en faveur de sa sœur Antoinette.
5. Catherine, dite Geneviève d'Auzolles, née le 21 août 1731.
6. Jeanne d'Auzolles, née le 4 avril 1733, morte S. A. le 8 floréal an XII, âgée de 72 ans.
7. Antoinette d'Auzolles, dame du Cuze, née le 24 septembre 1739, mariée dans l'église paroissiale de Moissac, le 5 octobre 1774, à messire Pierre de la Rochette, écuyer, habitant au lieu et paroisse d'Anzat, diocèse de Clermont. Le 1er juin 1781, il rendit au Roi la foi-hommage de la seigneurie du Cuze. Antoinette décéda à Moissac le 23 septembre 1792. Son mari prit part à l'insurrection lyonnaise et fut mitraillé aux Brotteaux le 30 ventôse an II (20 mars 1794), avec 145 personnes condamnées en même temps que lui. Il laissait une fille :

    Anne-Marie de la Rochette, née le 11 août 1776. Elle épousa Jacques-Gilbert Talandier de Lespinasse et mourut à Moissac le 16 décembre 1840.

[de] la Rochette : [arme]s comme à la page 13.

VIII. Tristan d'Auzolles, écuyer, seigneur d'Auzolles et du Cuze, né le 1er janvier 1720. Il vécut jusqu'au 13 ventôse an III et laissa du mariage qu'il avait contracté avec Jeanne Saur, décédée le 18 février 1778, les enfants suivants :

1. Jean-Baptiste-Tristan d'Auzolles, écuyer, mort le 4 avril 1840, âgé de plus de 80 ans, marié, par contrat du 23 novembre 1780, reçu Teillard, notaire royal, à Marguerite Mourceire, de la paroisse de Coltines, décédée avant 1813 ; il avait eu :

    A. Marguerite d'Auzolles, baptisée le 22 avril 1781. Elle entra dans la congrégation de Sainte-Agnès et mourut le 29 janvier 1857.

    B. Gabrielle d'Auzolles, décédée le 9 mai 1784, peu de jours après sa naissance.

    C. Jean-Baptiste d'Auzolles, baptisé le 19 août 1785. Il mourut, le 4 novembre 1832, à Beaufort, arrondissement de Baugé, département de Maine-et-Loire. Il était alors veuf de Catherine Forges, fille de Jean et de Marie Jarry, de Moissac, qu'il avait épousée le 7 juillet 1813 et qui l'avait rendu père de :

Edm. d'Auzolles del. Roustan phot.

LE CUZE D'AUZOLLES

a. **Marguerite d'Auzolles**, née le 15 septembre 1814, morte le 6 juillet 1885, mariée le 23 juin 1841 à André Faradesche, fils de Jacques et de Magdeleine Valeix, de Moissac.

b. **Marie d'Auzolles**, née le 12 juin 1816, morte le 19 juin 1833.

c. François d'Auzolles, né le 6 février 1818, décédé S. A. à Lyon, le 19 octobre 1846.

2. Marguerite d'Auzolles, baptisée à Moissac le 27 juin 1751, décédée le 9 février 1780
3. Gabrielle d'Auzolles, née et baptisée le 10 juillet 1762.
4. François, qui suit ;

IX. François d'Auzolles, écuyer, baptisé à Moissac le 24 novembre 1763. Au moment où éclata la Révolution, il servait son roi et son pays. Peu après, retiré à Moissac, il fut poursuivi par les révolutionnaires de Saint-Flour. Obligé de se cacher, il trouva une retraite assurée dans la grotte du Cuze (1) pendant tout le temps de la Terreur ; toutefois il fut porté sur la liste des émigrés et considéré comme tel. Il mourut à St-Flour le 10 juin 1848, laissant un grand renom de probité et de piété. Il avait épousé le 14 thermidor an V (1er août 1797) Elisabeth Desfont. Elle décéda le 29 juin 1846. Leurs enfants furent :

1. Jean-Baptiste, qui suit ;
2. Gabrielle d'Auzolles, née à Saint-Flour, le 2 prairial an VIII (2 mai 1800). Elle portait en religion le nom de sœur Pélagie et mourut à Autun le 11 mars 1865.
3. Jeanne d'Auzolles, né à Saint-Flour le 29 vendémiaire an XIII (2 octobre 1804), décédée dans la même ville le 14 décembre 1822.
4. Philippe d'Auzolles, né à Saint-Flour le 17 mars 1806.

X. Jean-Baptiste d'Auzolles, né à Saint-Flour le 11 juin 1798, membre de l'Institut Historique de France, Officier de l'Instruction publique. « Fils d'émigré, ruiné par la Révolution, « il ne désespéra pas de son avenir et il chercha dans l'ensei- « gnement la seule manière d'exister qui lui parut compatible « avec sa naissance, les malheurs de sa famille, ses goûts et ses « talents (2). » Il mourut à Cusset le 10 mars 1862. Il avait épousé,

(1) « La roche du Cuze, taillée à pic par la nature, forme, au ruisseau d'Allanche, un quai de huit cents pieds d'élévation. A moitié de sa hauteur est une cavité, vrai nid d'aigle, où se cachent les ruines d'un vieux château, dont l'eau du ciel n'arrosa jamais la toiture, et où l'on parvient par un sentier étroit comme la margelle d'un puits. »

Ernesta de Montpeyroux, roman inédit par François-Emile d'Auzolles.

(2) *Rapport administratif sur le personnel du collège de Brioude.*

le 1er octobre 1830, Thérèse Jarlier, qui mourut le 22 janvier 1852 après l'avoir rendu père de :

1. François-Emile d'Auzolles, né à Clermont-Ferrand le 1er décembre 1831, mort à Périgueux le 20 février 1860, sous-lieutenant au 48e régiment de ligne.
2. Marie-Elisabeth d'Auzolles, née à Saint-Flour le 5 novembre 1833.
3. Vital-Victor d'Auzolles, qui suit ;
4. Jean-François-Marie-Edmond d'Auzolles, né à Saint-Flour le 9 septembre 1839, mort à Saïgon le 19 avril 1862. Faisait partie du corps expéditionnaire de la Cochinchine.
5. Marie-Marguerite-Olympe d'Auzolles, née à Saint-Flour le 20 juin 1841, morte S. A. à Clermont le 30 novembre 1862.

XI. Vital-Victor d'Auzolles, commissaire de surveillance administrative des Chemins de fer, né à Saint-Flour le 14 décembre 1835, a épousé, le 12 janvier 1864, Louise-Virginie-Mathilde Alexis, créole de la Guadeloupe, baptisée le 17 octobre 1843 dans l'église paroissiale de Grand-Bourg-Joinville de Marie-Galante. De cette union sont issus :

1. Marie-Elisabeth-Marguerite d'Auzolles, née à Saint-Pierre-le-Moûtier le 1er juillet 1865.
2. Charles-Joseph-Edmond d'Auzolles, né à Saint-Pierre-le-Moûtier le 19 mars 1867.

Branche des Ternes, de la Sanholle, de la Peyre et de la Cavade (1)

II. Pierre d'Auzolles, écuyer, sieur des Ternes, frère de François d'Auzolles, seigneur d'Auzolles, fut homme d'armes de la compagnie de M. de Boutières. En cette qualité il assista, à Paris, à une montre, ainsi que le constate une attestation du 5 décembre 1529. Par son testament du 9 septembre 1578, il nomma sa femme « dame et administraresse » de ses biens et institua pour héritiers ses fils, Guillaume et Pierre. Il avait épousé, par

(1) *Archives départementales du Rhône*, H, 182. Fonds de l'Ordre de Malte. Preuves de noblesse de noble Joseph-Jean de Scorailles (1677). — *Bibliothèque Nationale* : Cabinet des titres.

contrat du 22 février 1533, reçu Lenègre, Fleurette d'Espinchal, fille de Gilbert d'Espinchal, chevalier, seigneur dudit lieu. Elle l'avait rendu père, entre autres enfants, de :

D'ESPINCHAL : *d'azur au griffon ailé d'or accompagné de trois épis de bled de même, 2-1.*

1. PIERRE, qui continue la descendance ;
2. FLORENCE D'AUZOLLES, née en 1544, mariée à Jean de Monrais.
3. PIERRE D'AUZOLLES, tige des *seigneurs* de LA PEYRE qui viendront ci-après.
4. FRANÇOIS D'AUZOLLES, marié à Gabrielle de Chambeuil dont il eut :

DE CHAMBEUIL : *d'azur à un chevron d'argent, accompagné de trois épées d'argent en pal.*

A. JEAN D'AUZOLLES, marié à Delphine de Ludesse qui testa le 28 mars 1624. Ils avaient eu :

MARGUERITE D'AUZOLLES, mariée en premières noces avec Claude Suat, seigneur du Chassagnon, puis par contrat du 8 mars 1600, reçu en la ville du Mur-de-Barrez, avec sage et discrète personne Louis d'Aymeric, habitant de la ville de Chilhac, en présence de noble Christophe du Verdier, abbé de Pébrac (1).

B. FRANÇOISE D'AUZOLLES, femme de N..... de Laire.

5. MARGUERITE D'AUZOLLES, née en 1553, veuve vers 1587 de N...., dit le capitaine Charmurat.
6. GUILLAUME D'AUZOLLES, auteur des *seigneurs* de LA CAVADE, qui viendront en leur rang.
7. ANTOINETTE D'AUZOLLES, morte S. A.

III. Pierre d'Auzolles, sieur de la Sanholle, né en 1542, marié deux fois : 1° par contrat du 16 août 1568, à Jeanne de Gorses, fille de feu noble Jacques de Gorses et de Jeanne de la Chapelle; 2° à N.... de Chazelles. Il eut du premier lit :

DE GORSES : *de gueules à cinq cotices d'or.*

1. JEAN, qui suit.

et du second lit :

2. FRANÇOIS D'AUZOLLES, sieur de Peyrelade, né en 1574, marié deux fois : 1° à Françoise de Farges ; 2° à Magdelaine de Chambeuil, dont il eut :

DE CHAMBEUIL : ut supra.

ANTOINETTE D'AUZOLLES, qui épousa, par contrat du 9 décembre 1632, reçu Martinon, notaire royal à Brioude, noble Guillaume de Chazelles, écuyer, sieur de Pouzol, dont elle était veuve en 1642, et qui l'avait rendue mère de sept enfants.

DE CHAZELLES : comme à la page 9.

3. JEAN D'AUZOLLES, écuyer, seigneur de la Molède et de Lavau, né en 1578. Il servit de longues années d'une manière très honorable tant

(1) *Arch. départ. du Puy-de-Dôme*, Reg. des insinuations, t. 92, fol. 100.

comme volontaire qu'en qualité de lieutenant d'une compagnie de chevau-légers. Revenu en Auvergne, après la campagne de Catalogne et de Roussilhon, il se prit de querelle avec le chevalier de Montgon, frère du seigneur de Beauvergier, et le tua le 8 août 1640. Il obtint des lettres de rémission, à l'occasion de cet homicide, au mois de décembre 1642 (1). Il était séparé de biens d'avec sa femme, Catherine de la Vernède, lors du mariage de sa fille :

DE LA VERNÈDE : *de sinople à 3 flanchis d'or.*

VALENCE D'AUZOLLES, mariée par contrat du 25 août 1647, reçu Falguières, notaire royal à Murat, à noble François de Lespinasse, écuyer, sieur de Chazelles, fils de feu noble Raymond de Lespinasse, seigneur de Lespinasse, et de Jeanne d'Auzolles (2).

DE LESPINASSE : *d'azur au lion rampant d'argent.*

IV. Jean d'Auzolles, seigneur de la Sanholle, né en 1571. Ayant été compris dans les rôles des tailles de la paroisse de Valuéjols par ordonnance des élus de Saint-Flour du 28 janvier 1613, il s'en rendit appelant. Il fut ordonné qu'avant de faire droit sur la cause d'appel, Jean d'Auzolles prouverait sa noblesse, tant par témoins que par titres, dans deux mois, devant Pierre Croizier, procureur général et conseiller en la Cour des Aides de Clermont. Sur cette production la cour ordonna la radiation de Jean d'Auzolles des rôles de Valuéjols, par arrêt du 11 décembre 1614. Il épousa, par contrat du 22 janvier 1605, Catherine de Chazelles, fille de noble Guillaume de Chazelles, écuyer, seigneur d'Ulhet et de Saint-Loup, et de Jeanne de la Rocque de Monlet. Il en eut quatre enfants dont on ignore la destinée :

DE CHAZELLES : comme à la page 9.

1° FRANÇOIS D'AUZOLLES, né en 1610.
2° CLAUDE D'AUZOLLES, né en 1611.
3° JEAN D'AUZOLLES, né en 1613.
4° CLAUDE D'AUZOLLES, né en 1617.

Rameau de la Peyre

III. Pierre d'Auzolles, sieur de la Peyre, né en 1547. Fut l'un des lieutenants de Mathieu Merle, baron de Salavas, qu'il accompagna dans ses diverses expéditions en Auvergne et en Gévaudan. Enfermé avec 120 hommes dans le haut fort du château de Peyre en Gévaudan, dont il avait le commandement, il eut à soutenir en 1586 un siège contre le duc de Joyeuse. Après

(1) Voir le texte de ces lettres à l'appendice, n° 4.
(2) *Arch. départ. du Puy-de-Dôme,* Reg. des insinuations, 145, f. 12.

IACQVES D'AVZOLES S[R]. DE LA PEYRE
FILS DE NOBLE PIERRE D'AVZOLES ET DE
DAMOISELE MARIE DE FABRI D'AVVERGNE.

I. Picart incidit. M. DC. XXXI.

six jours de résistance opiniâtre, la garnison, qui avait essuyé 2.200 coups de canon, proposa de se rendre. Le duc ne voulut la recevoir qu'à merci, ce qui eut lieu le 6 septembre. Tous les soldats eurent la vie sauve ; mais d'Auzolles fut livré à la justice de Mende qui le condamna à avoir la tête tranchée (1). Il fut exécuté dans cette ville le 10 septembre 1586. Avant d'aller au supplice, il écrivit à sa femme, Marie de Fabry, qui se trouvait à Saint-Jean-de-Gardonenque, la priant, entre autres choses, de ne pas se remarier (2). Elle l'avait rendu père de :

DE FABRY : *d'argent au pal d'azur, au chef de gueules chargé de trois écussons d'or.*

1. Jacques d'Auzolles de la Peyre, secrétaire du duc de Montpensier, polémiste et écrivain fécond, qui produisit de 1610 à 1638 un grand nombre d'ouvrages ; naquit au château de la Peyre le 14 mai 1571 et mourut à Paris le 29 mai 1642. Il avait abjuré la religion réformée le 18 mars 1596, ainsi qu'en fait foi le certificat délivré à Paris par Louis Godebert, chanoine de Notre-Dame et pénitencier du diocèse de Paris. Il y est dit que noble Jacques d'Auzolles est originaire d'Auvergne et du diocèse de Saint-Flour (3).
2. Judic d'Auzolles, femme du seigneur de Vachères.
3. Marie d'Auzolles, mariée en 1612 avec François de Lavergne de Tressan, en Languedoc.

Rameau de la Cavade

III. Guillaume d'Auzolles, seigneur de la Cavade, seigneurie située dans la paroisse de Polminhac dans la Haute-

(1) Marquis d'Aubais, *Pièces fugitives*, t. I, 2e partie.

(2) Voir, à l'appendice n° 5, une relation de la prise du fort de Peyre, l'interrogatoire de Pierre d'Auzolles de la Peyre et l'état des frais de l'exécution de ce chef calviniste.

(3) Voir Moréri. Edition de 1759, T. VIII, au mot *Peyre*. — Nous donnons dans cette généalogie la reproduction du portrait de ce personnage, portrait au sujet duquel il s'exprime dans le *Berger chronologique*, page 557, ainsi qu'il suit : Ce n'est pas « par une ridicule ambition que je l'ay mis au devant de « mon œuvre pour le faire voir aux lecteurs, je vous asseure que vous estes « fort mal instruit de mon humeur et de mon naturel ; mais en voicy la véri- « table cause, c'est qu'estant amoureux de toutes sortes de peintures et « graveures, je le suis sur tout des très-excellens crayons du non pareil « M. Bertaut, frère de feu M. l'Evesque de Séez, de très-heureuse mémoire, « lequel s'estant donné la peine de crayonner mon visage en trois ou quatre « façons, me fit expres en ma robe de chambre : et lors luy et le reste de mes « meilleurs amis voulurent absolument qu'il fust gravé pour estre mis où vous « le voyez : à quoy je consentis plus par complaisance que par aucune vanité « qui soit en moy : que si de ce péché vous estes aussi guéri que je le suis, « infailliblement vous le pouvez disputer avec le plus humble de votre sage « compagnie. Et après tout, si ce pourtraict vous fait mal à la veüe, il ne laisse « pas d'estre très agréable à beaucoup d'autres personnes, et principalement « à tous mes amis. »

Auvergne, qu'il possédait conjointement avec sa sœur Antoinette. Il rendit, le 21 novembre 1609, l'hommage de son château et fief de la Cavade à messire Henri de Noailles, seigneur dudit lieu, gouverneur et lieutenant-général pour le roi au haut pays d'Auvergne et député par Sa Majesté pour recevoir les hommages de cette province. Il en fit les déclaration et dénombrement le 21 janvier suivant. Il avait épousé, par contrat du 7 février 1619, Claude de Chazelles, sœur de Catherine de Chazelles, femme de son neveu Jean d'Auzolles. Ils eurent pour enfants :

DE CHAZELLES : comme à la page 9.

1. MARGUERITE, dont l'article suit;
2. JEAN D'AUZOLLES, né en 1624, mort S. A.

IV. Marguerite d'Auzolles, dame de la Cavade, née en 1619, épousa par contrat du 1er septembre 1634, reçu Boissy, notaire royal, Géraud de Fontanges, seigneur de la Vernière, frère de Guillaume de Fontanges, seigneur de Velzic. Elle laissa une fille, Marie-Claude de Fontanges, mariée, par contrat du 20 février 1662, à Gaspard de Scorailles, écuyer, seigneur de la Mazière, oncle de Marie-Angélique de Scorailles, duchesse de Fontanges (1).

DE FONTANGES : *gueules au chef or chargé de trois urs de lys rangées fasce.*
DE SCORAILLES : *azur à trois bandes or.*

Branche du Serre et de Lauriat

III. Guyot ou **Guyon d'Auzolles,** écuyer, sieur du Serre. Après la mort de son père, arrivée en 1533, Guyot se rendit maître de la seigneurie d'Auzolles. Faute d'en faire la foi et hommage, cette seigneurie fut saisie sur lui. Le 10 juillet 1539, il obtint main-levée de cette saisie. Enfin, à la suite d'une transaction avec son frère Pierre, la seigneurie d'Auzolles resta à ce dernier. Guyot semble avoir professé la religion prétendue réformée, et c'est à ce titre que son nom se trouve dans la *France protestante* des frères Haag. Il avait épousé, par contrat du 25 janvier 1547, Françoise de la Rochette (2) dont il eut :

DE LA ROCHETTE : comme à la page 13.

(1) *Table généalogique de la maison de Scorailles, dressée par M. du Bouschet.* — Paris, Gabriel Martin, 1681, placard double in-folio.

(2) Au fond de l'église paroissiale de St-Mary-de-Cronce, et en face du maître-autel, se trouve une chapelle dont la clef de voûte est ornée d'un écu aux armes pleines des d'Auzolles. Sur une pierre encastrée dans le mur latéral de cette chapelle est sculpté un autre écusson parti aux armes des d'Auzolles et de la Rochette. La présence de ces deux armoiries semble établir que Guyot d'Auzolles et Françoise de la Rochette, sa femme, furent inhumés dans cette chapelle. Ils avaient dû se retirer et mourir à Cronce, auprès de leur fils cadet, Jacques d'Auzolles, possessionné dans cette paroisse par suite de son mariage avec Magdelaine de Crestes.

1. JEAN, qui suit ;

2. JACQUES, qui forma la branche des *seigneurs* de DURBIAT rapportée ci-après ;

3. FRANÇOISE D'AUZOLLES, mariée trois fois : 1° le 20 octobre 1576, par contrat reçu à Roffiac, dans la Haute-Auvergne, par Anthoine Cheyrac, notaire royal, avec le célèbre capitaine Mathieu Merle (1), alors gouverneur de la ville de Marvéjols en Gévaudan ; 2° le 28 avril 1585 avec Antoine de Beaumont, seigneur de Cinergues. Un des témoins de cet acte fut Olivier de Serres, seigneur du Pradel, l'illustre agronome (2) ; 3° enfin, le 24 juillet 1595, avec Adam d'Audibert, seigneur de Vendras, fils du seigneur de Lussan. Elle vivait encore en 1609. De son premier mari elle avait eu :

DE MERLE : *coupé au 1er de gueules à l'épée d'argent en pal, au 2e échiqueté d'argent et de sable.*

A. HÉRAIL DE MERLE, seigneur baron de Lagorce, marié du consentement de sa mère, le 11 mars 1609, avec Anne de Balazuc ;

B. MARIE DE MERLE, mariée le 19 juillet 1620 à Louis de Barjac, seigneur de Vals.

IV. Jean d'Auzolles (3), écuyer, sieur du Serre. Par acte du 24 janvier 1589, reçu Pierre Martinon, notaire royal à Brioude, dans la maison d'Antoine Fournier, bailli de cette ville, il partagea avec son frère, Jacques d'Auzolles, les biens paternels et maternels. Pour sa part, il eut « la maison seigneuriale du Serre, paroisse de la Chapelle-Laurent, avec ses veubles, basse-cour, granges, estables, prés, champs, jardins et le moulin du Serre avec sa pièce d'eau, écluse péchadoire, le tout en justice haute, moyenne et basse ». Il testa le 7 janvier 1623, instituant pour son légataire universel son fils plus jeune, François, et léguant 2.000 livres à son fils aîné Jehan d'Auzolles, écuyer, sieur de Lauriat. Il avait épousé par contrat du pénultième juillet 1589 Marie de la Rodde, dicte de Sénecujols. Elle était veuve avant le 5 juillet 1633, date de son testament. Par cet acte elle institue pour héritier universel François d'Auzolles, sieur du Serre, et fait un legs à son fils aîné, Jean d'Auzolles, sieur de Lauriat, ainsi qu'à son petit-fils, autre Jean d'Auzolles, fils de Jacques. De ce mariage sont issus :

DE LA RODDE DE SÉNEUJOLS : *d'azur à la roue d'or, au chef d'argent chargé de trois chevrons de gueules rangés en fasce.*

(1) Voir ce contrat, appendice n° 6.

(2) *Le capitaine Merle et ses descendants*, par le comte A. de Pontbriant. Paris, Picard, 1886, in-8°, p. 133.

(3) Dans un acte de 1611, reçu Chaudon, notaire royal à Brioude, Jean d'Auzolles, seigneur du Serre, de La Chapelle-Laurent et de Loubarset, est qualifié de lieutenant-général du duché de Mercœur.

1. Jean d'Auzolles, auteur du rameau de Lauriat qui viendra après la descendance de François, son troisième frère.

2. Pierre d'Auzolles. Il fut tué, avant 1623, dans un duel où figurèrent d'un côté : son père, son frère Jean, son allié noble François de la Rochette, écuyer, sieur de la Bastide, et de l'autre : noble Guyot de Rochemonteix, sieur de la Maisonneuve, noble Jacques de Jacques, sieur d'Alleret, noble Jacques de Boulier, sieur de Saint-Victor, et noble David de Boulier, sieur de Chabannes.

3. Jeanne d'Auzolles. Mariée d'abord à noble Raymond de Lespinasse, veuve et habitant au lieu du Bénéfice, paroisse de Saint-Austremoine, au diocèse de Saint-Flour, elle se remaria par contrat du 13 juillet 1636, reçu Bayol, notaire royal, à noble Roch du Crozet « à présent demeurant avec Monseigneur le marquis d'Allègre », fils à feu noble Louis, écuyer, habitant paroisse de Saint-Cirgues. Au contrat assistaient nobles Louis et Jean du Crozet, frères de l'époux (1).

de Lespinasse :
omme à la page 18.

4. Jacques d'Auzolles, sieur du Boucharat, paroisse de Saint-Poncy, épousa par contrat de mariage du 26 janvier 1621, reçu au lieu de la Chapelle, par Martial Fabre, notaire royal de St-Flour, maison de noble Antoine du Puy, écuyer, sieur dudit lieu, demoiselle Antoinette de Lespinasse, fille de noble François de Lespinasse, écuyer, sieur du Bouschet et de feu Antoinette d'Izarn de Fraissinet, sa première femme. Devenue bientôt veuve, elle épousa en secondes noces, le 24 février 1623, Charles Faucon de Villeret, écuyer, sieur de Villeret, dont elle eut plusieurs enfants. Jacques d'Auzolles mourut avant la naissance de son fils qui suit :

   Noble Jean d'Auzolles, né au Boucharat et baptisé dans l'église paroissiale de Saint-Poncy le 29 novembre 1621. Il eut à soutenir un long procès avec ses frères utérins à l'occasion de la seigneurie du Bouschet qui finit par revenir à ces derniers, à la suite d'une transaction intervenue entre son tuteur, François d'Auzolles, et Pierre de Faucon de Villeret, chanoine-comte de Saint-Julien de Brioude, leur oncle et tuteur. A l'âge de 14 ans, il était tombé gravement malade, et alité dans la maison de Jacques Bourzeis, bourgeois de Brioude, il testa le 26 mars 1635, devant Martinon, notaire royal. Il lègue à sa mère, Antoinette de Lespinasse, le quart de tous ses biens, donne 100 livres à sa tante Magdelaine de Lespinasse, et institue pour héritier universel son oncle, François d'Auzolles, écuyer, sieur du Serre.

5. François qui suit :

(1) *Arch. départ. du Puy-de-Dôme.* Reg. des insinuations, t. 136, f. 440.

V. François d'Auzolles, écuyer, sieur du Serre, de Viocroze, de Saudières et autres places, résidant au lieu et paroisse de Celoux. Il acquit, par acte du 16 juillet 1653, passé au château du Fayet, par devant Cluzel, notaire royal à Lavaudieu, de Pierre de Miremont, écuyer, seigneur de Vedrines et du Fayet, une rente noble à prendre sur le village de Loudeyres, telle qu'il l'avait précédemment acquise de noble Antoine de Gilbertés. Il fut maintenu en sa noblesse, en l'élection de Brioude, par jugement du 10 décembre 1666. Par son testament du 10 décembre 1671, reçu Couguet, notaire royal, il lègue 60 livres aux pauvres des Hôtels-Dieu de Brioude. Il décéda dans cette ville le 14 décembre suivant, âgé d'entour 75 ans, et fut enterré en la paroisse de Notre-Dame, en présence de François Esparvier, écuyer, sieur de Blazère, demeurant au lieu et paroisse de Celoux, son neveu. De Jeanne de Gibrat, qu'il avait épousée par contrat du 2 novembre 1628, il laissait :

DE GIBRAT : *d'or à un perroquet sinople.*

1. JACQUES, dont l'article suit ;

2. FRANÇOISE D'AUZOLLES, mariée à Mr Me Joseph Bernard, conseiller du Roi et magistrat au bailliage du Puy, d'où :

   MARIE BERNARD, baptisée sur les fonts baptismaux de Saint-Jean de la ville du Puy, le 30 août 1667 (1).

3. CLAUDA D'AUZOLLES du Serre de Lauriat, morte S. A.

4. MARGUERITE D'AUZOLLES du Serre, habitant au Cros, paroisse de Mercœur, diocèse de Saint-Flour, mariée par contrat du 6 août 1695, passé à Saint-Just-près-Brioude, à Martial Sapin, bourgeois de la paroisse de Beurières, diocèse de Clermont (2).

Bâtarde :

« Honneste JANA D'AUZOLLES, fille donnée et naturelle », épousa, par contrat du 4 février 1646, reçu Jacques Fournier, notaire royal, Pierre Ferlut, fils de sage homme Blaise Ferlut, habitant du lieu de Fontarido, paroisse de Mercœur. — François d'Auzolles dota sa fille de 800 livres, de trois robes et d'un coffre fermant à clef, avec ses ferrements, garni de menu linge à l'usage de la future épouse. Au contrat assistait noble Roch du Crozet, écuyer.

(1) *Archives municipales de la ville du Puy.* Registres des baptêmes du baptistaire de Saint-Jean.

(2) *Archives départementales du Puy-de-Dôme.* Registres des insinuations, t. 181, fol. 124.

MOSNIER : zur à une fasce rgent accompagnée deux étoiles d'or en ef et d'un croissant rgent en pointe.

VI. Jacques d'Auzolles, sieur du Serre. De son mariage contracté, le 19 janvier 1644, avec Charlotte Mosnier de la Beyssière, il eut deux fils et deux filles :

1. GUILLAUME,
2. PIERRE,
3. LOUISE,

} dont on ignore la destinée.

DE POINSAC : gueules à trois pals raits mouvant de inte, au chef d'azur rgé de trois molet- d'éperon d'argent.

4. ALIX D'AUZOLLES, mariée à noble François de Poinsac, écuyer, sieur de Laniat, paroisse de Siaugues-Saint-Romain, fils de Jean de Poinsac, écuyer, sieur de Laniat, et de Magdelaine de la Colombe.

Rameau de Lauriat

DE PÉLACOT : artelé au 1 et 4 d'or la rose de gueules, 2 et 3 échiqueté r et d'azur de qua- tires sur quatre.

V. Jean d'Auzolles, écuyer, sieur du Serre et de Lauriat, se maria deux fois : 1° par contrat du 27 octobre 1620 à Jeanne de Pélacot de la Rousse, fille de François de Pélacot de la Rousse et d'Antoinette de Saint-Haond, dame de Lauriat. Jeanne de Pélacot était alors veuve de Jacques d'Oradour, seigneur de Champagnac, paroisse de Mercœur, élection de Brioude, dont elle avait trois enfants, deux fils et une fille. « Détenue dans son lit au château de Lauriat », elle testa le 2 mai 1627 devant Jean Chaudon, notaire royal à Brioude. Elle veut être enterrée en l'église de Beaumont « au vas et tumbeau de ses prédécesseurs », s'en rapportant pour ses honneurs funèbres à la discrétion de son mari. Elle lègue 400 livres à chacun de ses enfants du premier lit : François, Alexandre et Louise d'Oradour, autant à sa fille Marguerite d'Auzolles, et institue pour héritière universelle sa fille aînée Anne d'Auzolles. Elle mourut peu après. L'année suivante, Jean d'Auzolles « étant sur le point s'en aller au siège de la Rouchelle, pour le service du Roy », testa devant le même notaire le 18 juillet 1628. Après avoir légué 100 livres à François et Alexandre d'Oradour, 200 livres à Louise d'Oradour, payables lors de son mariage, ainsi qu'une « robbe et coutillon de taffetas des habits de sa feue mère », 600 livres à l'hôpital Saint-Robert de Brioude, il institue pour ses héritières, par égale portion, ses filles Anne et Marguerite d'Auzolles. A son retour de l'armée, il se remaria, par contrat du dernier octobre 1630, reçu par le même Jean Chaudon, à Jeanne de Chavaniac de Meyronne, fille de feu noble Louis de Chavaniac, seigneur de Labrousse et de Montmonadier et de demoiselle Clauda de Chabades, habitant au

DE CHAVANIAC : comme à la page 12.

château de Meyronne, paroisse de Venteuges, diocèse de Mende. Elle était veuve lors des recherches de la noblesse en 1666. Elle produisit ses titres en l'élection de Saint-Flour et obtint un jugement confirmatif de noblesse, tant pour elle que pour ses deux filles. Les enfants de Jean d'Auzolles furent :

1er LIT

1. ANNE D'AUZOLLES, religieuse en 1636 au dévot monastère de Sainte-Ursule de la ville de Saugues, sous le nom de sœur Anne de Sainte-Colombe (1). En qualité de discrète de ce monastère, elle assista, le 11 juin 1677, à la quittance de dot de défunte sœur Marguerite de Miet.
2. MARGUERITE D'AUZOLLES.

2e LIT

3. PIERRE D'AUZOLLES. Son oncle et parrain, noble Pierre de Chavaniac, écuyer, seigneur du Meyniel, par son testament du 25 mai 1653, reçu Lahonde, notaire royal à Auroux, lui lègue la somme de 150 livres, avec tous ses habits, ses armes et un jeune cheval poil gris (2). Pierre était décédé lors des recherches de 1666.
4. SUZANNE D'AUZOLLES, qui suit.
5. ANNE D'AUZOLLES, dont on ignore la destinée.

VI. Suzanne d'Auzolles, qui mourut à Brioude, sur la paroisse de Notre-Dame, le 19 décembre 1711, âgée d'entour 80 ans (3). D'Annet de Ponteau, sieur du Chier, elle eut :

DE PONTEAU : *d'azur au pont d'argent sommé d'un château d'or.*

A. CLAUDE DE PONTEAU DU CHIER, baptisé sur les fonts baptismaux de Saint-Jean de la ville du Puy, le 3 octobre 1667 (4).

B. LOUIS DE PONTEAU, décédé expectant de l'église de Saint-Julien de Brioude.

C. MARIE DE PONTEAU, mariée par contrat du 28 octobre 1681, passé à Murat, devant Talandier, notaire royal, à François de Casteras, seigneur de Vernière et de Nussargues, fils de François de Casteras et de Claude de la Fage.

D. CATHERINE DE PONTEAU, héritière universelle de Louis de Chavaniac de Meyronne, doyen du chapitre de Saint-Julien de Brioude, mort le 9 mars 1682. Elle épousa, par contrat du 8 avril 1683, Pierre de Chavaniac, sieur de la Bastide. Elle mourut à Brioude, sur la paroisse de Notre-Dame, le 23 octobre 1703 (5), âgée d'environ

(1) *Semaine religieuse du diocèse du Puy*, 10e année, p. 315.

(2) *Archives du château de Servilly.*

(3) *Archives municipales de la ville de Brioude.* Registres de la paroisse de Notre-Dame.

(4) *Archives municipales de la ville du Puy.* Registres des baptêmes du baptistère de Saint-Jean.

(5) *Archives municipales de la ville de Brioude.* Registres de la paroisse de Notre-Dame.

43 ans. Pierre de Chavaniac se remaria en secondes noces, sur la même paroisse, le 11 juillet 1707, avec Marie Rochette, veuve de Jehan Pelon, et mourut à Brioude, sur la même paroisse de Notre-Dame, le 11 janvier 1711, âgé d'entour 60 ans (1).

4. JEAN DE PONTEAU, baptisé à l'église de Saint-Cirgues-de-Lavoûte le 18 octobre 1670 (2). Parrain : Jean de Gibelin; marraine : Jeanne d'Auzolles, femme de Jean Touchebeuf.

Branche de Durbiat et de L'Herm

IV. Jacques d'Auzolles, fils de Guyot d'Auzolles et de Françoise de la Rochette, écuyer, seigneur de Durbiat et en partie du Serre par le partage entre lui et son frère Jean d'Auzolles, du 24 février 1589. Il eut la métairie de Soulhac, composée de maison, granges, bois, jardin, prés, champs, avec justice haute, moyenne et basse, le tout dépendant de la seigneurie du Serre. Le 27 septembre 1622, il assista en sa qualité d'oncle paternel, avec ses enfants : Guyot, Jean et Pierre, au contrat d'accordailles passé au château de Saint-Eble, en considération du futur mariage entre haut et puissant seigneur Jean Mottier de Champetières, seigneur baron de Vissac, trisaïeul du célèbre général de Lafayette, et Gabrielle de Murat, fille unique de Jean de Murat, écuyer, seigneur de Saint-Eble, etc., et de feue Jeanne de Lastic (3). Il testa le 18 septembre 1636, instituant pour héritier universel noble Guyot d'Auzolles, son fils aîné. Il s'était marié, par contrat du 16 avril 1583, avec Madeleine de Crestes, fille de noble homme François de Crestes, seigneur de Saint-Eble, et de Françoise du Gilbertès, qui lui porta la seigneurie de Durbiat et le rendit père des suivants :

DE CRESTES : *azur à trois chevrons d'or.*

1. GUYOT D'AUZOLLES, qui suit.

2. JEAN D'AUZOLLES, sieur de Jerzat, paroisse d'Agnat près Brioude, chanoine-comte de Saint-Julien-de-Brioude en 1604. Sorti du Chapitre, il fut compromis en 1632 dans l'affaire du *Malgouver,*

(1) *Archives municipales de la ville de Brioude.* Registres de la paroisse de Notre-Dame.

(2) *Archives municipales de Lavoûte-Chilhac.* Registres de l'église paroissiale de Saint-Cirgues.

(3) Gabrielle de Murat avait alors neuf ans. Le contrat de son mariage est du 8 novembre 1632, reçu Gros, notaire royal à Langeac. — *Archives départ. du Puy-de-Dôme.* Registres des insinuations, 119, fol. 307.

avec Jacques de Carbonnel « dict Chavaniac », chanoine-comte de Saint-Julien, et François de Fretat, sieur de Lorme.

3. Pierre d'Auzolles, sieur de la Picardie (village au sud de la Chapelle-Laurent), émancipé le 14 novembre 1619 (1), mort avant 1628. Une sentence du prévôt général de la maréchaussée d'Auvergne, du 15 février 1614, avait condamné les trois frères d'Auzolles, Pierre de Miremont, sieur du Monteil, et autres, à la somme de 1.500 livres pour réparation civile, dommages et intérêts, envers les bailles du Chapitre de Saint-Julien de Brioude, et en celle de 300 livres, pour être employée en ornements à la chapelle de Saint-Julien de leur église. Par acte du 20 février 1643, reçu Thomas, notaire royal à Brioude, Guyot et Jean d'Auzolles, tant pour eux que pour leur défunt frère Pierre, transigèrent pour la somme de 300 livres avec nobles et vénérables personnes Claude de Chambeuil et Charles de Bosredon, chanoines-comtes et bailles du Chapitre de Saint-Julien.

4. Jacques d'Auzolles, sieur de Chabaud, épousa par contrat du 27 juillet 1628, reçu à Lamothe-Canilhac, par de Lachau, notaire royal, demoiselle Anna Rostant, fille de défunt noble Guillaume Rostant, vivant écuyer et archer des Gardes Ecossaises du corps du Roi, et de Marguerite Cathoard. Anna de Rostant, habitant à Lamothe-Canilhac, alors veuve, vendit par acte du 28 novembre 1654, reçu Blanc, notaire à Bournoncle-St-Pierre, une métairie qu'elle possédait aux appartenances du Charriol, paroisse de Frugières, à noble Jacques de Bouillé du Charriol, écuyer, seigneur des Salles, Saint-Giron, le Charriol, habitant à Saint-Giron. Elle testa devant Clerguet, notaire royal à Brioude, le 28 décembre 1675; elle donnait 300 l. aux pauvres des Hôtels-Dieu de Brioude. Quelques instants avant sa mort, elle avait remis à vénérable personne Nicolas d'Aflon, docteur en théologie, comte-chanoine et théologal de l'église Saint-Julien de Brioude « une petite cassette fermée à clef et couverte de basane noire, dont elle avait déposé la clef ès mains de P. P. Louis de la Volpilière, religieux minime du couvent de Saint-Ferréol dudit Brioude et son confesseur. » Nicolas d'Aflon désirant être déchargé de ce dépôt, la cassette fut ouverte en présence de demoiselle Françoise de Rostant, épouse de Jacques de Brezons, écuyer, sieur de Saint Clément. Il y fut trouvé divers papiers, dont quarante-deux obligations. De ce mariage

DE ROSTANT : *d'azur à une fasc[e] d'or accompagnée e[n] pointe d'une rose d[e] même.*

François d'Auzolles, écuyer, sieur de Chabaud, résidant au lieu d'Ambert, paroisse de Mercœur. Après la mort de son père, il fut sous la tutelle de son oncle Jean d'Auzolles, sieur de Jerzat. Il épousa, par contrat du 19 avril

(1) Voir cet acte à l'appendice n° 7.

1655, reçu Jacques Fournier, notaire royal à Saint-Ilpize, au château de Redondet, demoiselle Françoise de Fretat, fille de feu messire Paul de Fretat, écuyer, sieur de Redondet, et de demoiselle Charlotte d'Oradour (1).

DE PASTURAL : *gueules à la roue ;rgent, à six rais de me.*

5. CLAUDA D'AUZOLLES, mariée par contrat du 15 avril 1630, reçu au château de Durbiat, par Raby, notaire royal, à noble Claude de Pastural, fils à Louis de Pastural, sieur de Pastural, y résidant, pays de Bourbonnais, paroisse de Peyriny (2).

DE GIRARD : *ızur à trois vases tiques d'or, portant : fleurs de grenades naturel, 2-1.*

V. Guyot d'Auzolles, écuyer, sieur de Durbiat, marié par contrat du 19 février 1631, reçu au château de Travers, par Pierre de Lachenal, notaire royal à Saint-Sandoux, à demoiselle Françoise de Girard, fille de feu noble François de Girard, écuyer, seigneur de Travers et de Saint-Sandoux, et de Charlotte de Ravel, majeure de 25 ans. En considération de ce mariage, Jacques d'Auzolles donna à son fils le château de Durbiat (3). Guyot d'Auzolles mourut avant 1655. De son mariage étaient issus :

1. JACQUES D'AUZOLLES, baptisé à Champagnac-le-Vieux (4) le 3 décembre 1631, religieux bénédictin. Il prit l'habit en l'abbaye d'Issoire le 25 août 1647. Bientôt après, pourvu du prieuré de Saint-Sandoux, il fit profession, le 17 août 1648, dans l'abbaye de Saint-Sébastien de Manglieu, entre les mains de Jacques Brioude, prieur claustral, faisant pour R[d] S[r] messire Gilbert de Vény d'Arbouze, seigneur abbé de Manglieu (5).

2. GASPARD D'AUZOLLES, baptisé le 20 janvier 1634.

DE VERTAMY : *azur au chevron argent entravaillé ;ns trois fasces de ëme.*

3. CLAUDA, dite CLAUDINE D'AUZOLLES, née le 18 août 1634, baptisée le 18 octobre 1636. Son parrain fut Michel de Girard de Lair. Elle épousa, par contrat du 5 février 1651, reçu Calemard, notaire royal à Viverols, Louis de Vertamy, fils de Guillaume de Vertamy et de demoiselle Claude de Pastural. Les biens de Guyot d'Auzolles ayant été saisis par criées de l'autorité du sénéchal d'Auvergne à Riom, à la requête de noble Antoine de Pastural, seigneur de la Brelle, sur sa veuve, Françoise de Girard, et son fils François d'Auzolles, sieur de L'herm, Louis de Vertamy s'en rendit adjudicataire vers 1656. Il fit, en 1669, la foi et hommage « du château ou maison

(1) *Archiv. départ. du Puy-de-Dôme.* Reg. des insinuations, 146, fol. 195.
(2) *Id.* Id. 132, f. 173.
(3) *Id.* Id. 132, f. 392.
(4) *Archives municipales de Champagnac-le-Vieux.* Registres des baptêmes.
(5) *Cabinet* de M. François Boyer.

forte de Durbiat, justice moyenne et basse, consistant la dite maison en chambres, escuries, granges, jardins et vergers, basse-cour et autres aisances joignant ensemble, et ce confiné jouxte les chemins allant de Durbiat à Brioude et à Chassignoles d'autre partie ». Clauda d'Auzolles, étant veuve, fit donation, par acte du 22 juin 1682, du quart de ses biens en avantage à son fils aîné, Gabriel de Vertamy, écuyer, sieur de la Borie et du Vernet (1), qui épousa le 28 janvier 1692, Jeanne de Bourdeilles, fille d'Antoine de Bourdeilles, écuyer, seigneur de Couzances et de Charlotte de Moriau.

4. François, auteur des *seigneurs* de L'Herm, qui continue la ligne masculine des seigneurs de Durbiat qui viendra ci-après.

5. Anne d'Auzolles, baptisée à Champagnac le 6 janvier 1639.

6. Pierre d'Auzolles, sieur de Durbiat, testa le 7 février 16.., devant Pierre Le Blanc, notaire royal à Favérial.

7. Jacques d'Auzolles, baptisé à Champagnac le 26 février 1647. Fit profession à la Chaise-Dieu et fut chambrier de Saint-Austremoine d'Issoire. Le 4 décembre 1695, les religieux de cette première abbaye lui donnèrent à cens les revenus de leur prieuré de Champagnac. Son beau-frère, Louis de Vertamy, fut sa caution (2).

Rameau de L'Herm (3)

VI. François d'Auzolles, écuyer, sieur de Durbiat et de L'Herm, paroisse de Notre-Dame de Laval, naquit le 9 octobre 1635 et fut baptisé le 18 octobre 1636 (4). Son parrain fut noble François de Girard de Travers, prieur de Saint-Sandoux et chamarier d'Issoire ; sa marraine, Gabrielle de Murat, consorte de M. le baron de Vissac. Il fut maintenu en sa noblesse en l'élection d'Issoire par jugement du 10 décembre 1666. Il épousa Françoise de Fretat, fille de Paul de Fretat, sieur de Redondet et de Tissonnière, et de Charlotte d'Oradour, alors veuve d'autre François d'Auzolles, sieur de Chabaud, dont elle ne paraît pas avoir eu d'enfants, et de Louis de Dienne, dont elle avait eu un

DE FRETAT : *d'azur accompagné d[e] deux roses d'or [en] chef et d'un croissan[t] d'argent en pointe.*

(1) *Archives départ. du Puy-de-Dôme*, Registres des insinuations, 170, fol. 9. — *Généalogie manuscrite de la famille de Vertamy. Cabinet* de M. Henry de Brye de Vertamy.

(2) *Archives de l'abbaye de la Chaise-Dieu.*

(3) C'est la forme ancienne de ce nom de lieu. Aujourd'hui l'on écrit Lair.

(4) Cette filiation est établie d'après les registres de catholicité des paroisses de Champagnac-le-Vieux et de Laval.

fils, Jean-Philippe de Dienne de Saint-Eustache, qui fit un règlement d'affaires avec François et Anne d'Auzolles, ses frère et sœur utérins, avant 16[illegible] (1). Charlotte d'Oradour décéda à L'Herm le 24 mars 1708, âgée d'environ 70 ans.

François d'Auzolles eut à soutenir de nombreux procès contre son beau-frère, noble François de Fretat, écuyer, sieur de Redondet, y habitant, paroisse de Novacelle, au sujet du paiement de la dot de sa femme. Ils furent terminés par une transaction faite à Durbiat, le 14 avril 1663. Le domaine de L'Herm lui fut attribué en toute propriété, ainsi que la rente noble et la justice haute, moyenne et basse qui en faisaient partie. François d'Auzolles fit le fief de cette terre en 1670. Il testa le 29 septembre 1677. Il eut pour enfants :

1. François, qui suit.
2. Françoise d'Auzolles, née le 17 juin 1665 et baptisée à Champagnac le 20 du même mois. Elle fut portée sur les fonts baptismaux par noble François de Fretat et noble demoiselle Françoise de Travers.
3. Anne d'Auzolles, mariée dans l'église de Laval le 28 juillet 1688 à Charles de Gouzel, écuyer, seigneur de Lauriat, paroisse de Beaumont. Etant veuve, elle se remaria par contrat reçu à Saint-Germain-L'Herm, par Grellet, notaire royal, à Michel de Perpezat, écuyer, sieur de Lescure. De son premier mariage elle avait eu : Charles de Gouzel, sieur de Lauriat, et Marie de Gouzel dont l'ingrès en religion au monastère de Sainte-Anne de Lamothe, Ordre de Fontevraud, est du 4 juillet 1715. Paule de Bonlieu-Montpentier était alors prieure de ce couvent. Anne d'Auzolles vivait encore en 1715.

de Gouzel : *de gueules à la coquille d'argent sommée d'une étoile d'or; au chef de même chargé de trois étoiles de gueules.*

VII. François d'Auzolles, écuyer, sieur de L'Herm, mort à L'Herm le 7 février 1757, âgé d'entour 100 ans. Il fut marié deux fois : 1° Par contrat du 3 mars 1696, reçu à Laval par Poughon, notaire royal, à demoiselle Marie Gaultier de Biauzat, premier enfant de défunt Gaspard Gaultier, châtelain et lieutenant-général en la principauté Dauphin d'Auvergne et mandement de Vodable, et de Anne Chauvassaignes, sœur de Pierre Gaultier, prêtre, curé de Laval, et d'Antoine Gaultier, avocat en Parlement, aussi châtelain et lieutenant-général en ladite principauté. Par ce contrat, Françoise de Fretat se démit en faveur de son fils du domaine de L'Herm, et institua pour héritier universel son autre fils, Jean-Philippe de Dienne, écuyer, seigneur de Saint-Eustache, à la charge par lui de payer 3.000 livres à Anne d'Auzolles, sa

Gaultier : *de gueules au coq chantant d'argent.*

(1) *Archives du château de Servilly.*

sœur utérine, femme de Charles de Gouzel. Marie Gaultier de Biauzat mourut à L'Herm le 22 janvier 1697, à l'âge de 22 ans, et fut inhumée le lendemain dans l'église de Laval. — 2° Par contrat fait à Mareughol-Lembron, le 21 septembre 1699, reçu Nizet, notaire royal, avec Antoinette de Riols, fille à feu François de Riols, vivant écuyer, seigneur de Riols, et à défunte Anne de la Rochette, mineure de 25 ans, autorisée par Paul Vallet, bourgeois d'Antoing, son curateur, et autant que besoin serait par David de Riols, seigneur dudit lieu, son frère aîné, chez lequel alors elle habitait (1). La bénédiction nuptiale fut donnée aux époux dans l'église paroissiale de Mareughol le 29 octobre suivant, en présence de David de Riols, écuyer, frère de l'épouse, de Jean-Philippe de Dienne de Saint-Eustache, frère de l'époux, et d'autres parents. Par son testament du 3 mars 1732, reçu Jourde, notaire royal, elle donnait un quart de ses biens à ses filles, instituait héritier son fils Antoine, et ordonnait que son corps serait inhumé au tombeau de ses auteurs dans l'église de Notre-Dame de Laval.

DE RIOLS : *d'azur à deux étoil[es] d'or en chef et [un] croissant de même [en] pointe.*

De ces deux mariages François d'Auzolles eut :

1er LIT

1. ANTOINE D'AUZOLLES, né le 15 et baptisé le 19 janvier 1699 à Laval. Parrain : Antoine Gaultier, châtelain de Vodable ; marraine : demoiselle Françoise de Fretat. Il mourut S. A. avant 1728.

2e LIT

2. MARIE D'AUZOLLES, héritière de son frère Antoine.
3. JEAN D'AUZOLLES, baptisé le 13 avril 1701.
4. ANNE D'AUZOLLES, baptisée le 20 juin 1702, décédée à L'Herm le 12 novembre 1772, S. A.
5. ANTOINE, qui suit.
6. JACQUES D'AUZOLLES, baptisé le 29 novembre 1705.
7. CATHERINE D'AUZOLLES, baptisée le 30 juin 1708, mariée à Barthélemy Cibaud.
8. JEANNE D'AUZOLLES, baptisée le 22 février 1712.
9. JEAN D'AUZOLLES, baptisé le 30 janvier 1714.
10. N..... D'AUZOLLES, baptisée le 16 décembre 1715.

VIII. Antoine d'Auzolles, écuyer, seigneur de L'Herm,

(1) *Archives départementales du Puy-de-Dôme.* Registres des insinuations, 183, fol. 194.

Madriat, le Griffoux, fut baptisé le 15 février 1704. Par acte du 29 août 1771, reçu Soulier, notaire royal à Saint-Didier, il fit donation à dame Odette de Massol de Serville, dame du Viallard, épouse de messire François, marquis de Ligondès, mestre de camp de cavalerie, chevalier de l'ordre royal militaire de Saint-Louis, seigneur de Châteaubodeau et autres ses places, du droit de haute, moyenne et basse justice de L'Herm, de Madriat et du Griffoux, avec les cens et rentes y attachés, moyennant une pension viagère de 500 livres (1). Il mourut le 3 novembre 1783 et fut enterré le lendemain dans l'église de Notre-Dame de Laval.

(1) *Archives du château de Durbiat*, à M. Stéph. de Cisternes.

ALLIANCES

de BESSE
de ROQUELAURE
de la VOLPILIERE
de ROCHEFORT-LA ROCHE
de BRIVES de PEYRUSSE
d' ESPINCHAL
de GORSE
de FONTANGES
d' ESCORAILLES
de MERLE
de la ROCHETTE
de la RODDE
de PELACOT
de CHAVAIGNAC
de POINSAT de LANIAT
de CRESTES
de FRETAT
GAUTHIER de BIAUZAT
de CHAMBEUIL
de RIOLZ

APPENDICE

I.

EXTRAIT

DE L'INVENTAIRE DES TITRES DE MERCUEUR

Lettres, Tiltres et Enseignements trouvés et estans dans la grosse tour d'Ardes

Page 245, nº 510. — Ung livre de court de la Chastellenie d'Auzolles en papier couvert de parchemin, ou il y a plusieurs courts et assises, tauxations des amandes, et aultres condempnations et actes de justice contenant acommençans : assises, castellanie, mandement de Auzola, etc...

(Omnia)

Nº 24. — Une aultre nommée ou recognoissance faicte à mond. seigr. Berauld par Gerauld d'Auzolles, de la paroisse de Saint-Alire, qui recognoit tenir de mond. seigr. en fief, c'est assavoir tout ce qu'il prant au chastel d'Auzolles espessiallement et expresse maison, pretz et ortz, champs, boys, et aultres, tout ce qu'il perçoit annuellement dans la chastellenie du Luguet et ses appartenances, en la paroisses d'Anzat, ainsi que plus à plain est contenu esd. lettres de nommée passées soubz le scel royal de la prévosté de Nonnette au pendant, datées de l'an mil ccc II.

(Domine captivitatem)

Nº 109. — Lettre de nommée faicte à mond. seig. Beraud, seigr. de Mercueur, par Bernard d'Auzolles, de la paroisse de Saint-Alire, lequel recognoit tenir de mond. seigr. en fief, c'est assavoir les champs, ortz, pretz, maisons, boys et universallement tout ce qu'il prant es villaiges pousés dans la paroisse de Saint-Alyre et leurs appartenances. Item aussi recognoit tenir de mond. seigr. tout qu'il prant dans la chastellenie du Luguet et ses appartenances. Item plus un sien villaige appelé de Darde pousé dans la paroisse de la Chappelle-soubz-Marcosse ensemble ses appartenances et aultres, tout ce universallement qu'il prant annuellement sur les hommes et manans de lad. paroisse en lad. chastellenie du Luguet, ainsi que plus à plain est contenu esd. lettres passées soubz le scel estably en la prévosté de Nonnette au pendant, datés de l'an mil ccc et deux.

(Domine preces)

N° 112. — Nommée ou recognoissance faicte à mond. seigr. Berauld, seigr. de Mercueur, par noble Hugues d'Auzolles, lequel recognoit tenir de mond. seigr. en fief, c'est assavoir tout ce qu'il prant aud. lieu d'Auzolles et ses appartenances, et au mas de Chappella et ses appartenances. Item tout ce qu'il a au mas de Jalghat en la paroisse de la Chappelle-soubz-Marcosse et de Saint-Alire. Item tout ce qu'il prant és chastellenies de Mercueur et du Luguet, ainsi que plus à plain est contenu esd. lettres de nommée passées soubz le scel estably en la prévosté de Nonnette au pendant, datées de l'an mil ccc et deux. *(Ut destructis)*

N° 129. — Recognoissance faicte à mond. seigr. Berauld, seigr. de Mercueur, par noble Durand d'Auzolles qui recognoit tenir de mond. seigr. en fief et hommaige, c'est assavoir tout ce qu'il prant à la paroisse de Saint-Alire et en ses appartenances. Item et tout ce qu'il perçoit dans la paroisse de la Chappelle-soubz-Marquosse et ses appartenances, en la chastellenie du Luguet, et aussi en la chastellenie de Mercueur, comme plus à plain est contenu esd. lettres de nommée passées soubz le scel de la prévosté de Nonnette au pendant, datées de l'an mil ccc et deux. *(Lingua mea)*

N° 146. — Nommée faicte à mond. seigr. Berauld, dauphin, comte de Clermont, seigr. de Mercueur, par noble Jehan de Darde, paroisse de la Chappelle-soubz-Marcosse, qui recognoit tenir de mond. seigr. en fief, c'est assavoir les cens et rentes qu'il perçoit annuellement, tant en son nom que comme administrateur de Jehan et Marguerite, fils et fille à feu Cibilla d'Auzolles, femme aud. recognoissant, sur certains hommes et emphiteotes, dans les paroisses de Mazoires, d'Achiat, Dardes, de la Chapelle-soubz-Marcosse, et Rentières, et dans leurs appartenances. Item plus recognoit, comme dessus, aucunes décimes ou dixmeries lesquelles, comme tuteur dessusd., tant de blés, argent, anielz, que laines, liéve et perçoit annuellement sur aucuns personnages et pages pour aucunes terres et propriétés assises dans lad. paroisse de la Chapelle-soubz-Marcosse et ses appartenances, comme plus à plain est contenu esd. lettres de nommée passées soubz le scel de la prévosté de Nonnette au pendant, datées de l'an mil CCC LXVI. (*Accingere*)

N° 155. — Nommée faicte à mond. seigr. Charles de Valoix, comte de Joigny, seigneur de Mercueur, par noble Durand d'Auzolles, lequel recognoit tenir de mond. seigr. en fief à cause de son chastel et chastellenie de Mercueur, c'est assavoir la quarte partie d'un dixme assise en la paroisse de la Chapelle dessoubz Marcosse, tant de blés, chers et laines. Item plus soixante solz tournois en argent et blés, ainsi qu'est contenu esd. lettres de nommée passées soubz le scel de la prévosté de Nonnette, datées de l'an mil CCC XXXIIII. (*Et regna*)

N° 180. — Nommée faicte à mond. seigr. Berauld seigneur de Mercueur, par Guillaume d'Auzolles, escuier, qui recognoit tenir en fief et hommaige de mond. seig. tout ce qu'il avoit au chasteau d'Auzolles et ses appartenances, avec ses maisons, champs, jardins, prés, boys, pasturaulx et aultres terres vestus et à investir. Item aussi ung dixme qu'il tient et possède chascun an en la paroisse de la Chappelle-soubz-Marcosse, en la paroisse de Saint-Illide, et dans la chastellenie de Mercueur et du Luguet, comme est contenu esd. lettres passées soubz le scel de la prévosté de Nonnette au pendant, datées de l'an mil CCC et deux. (*Unxit*)

N° 195. — Nommée faicte à mond. seigr. Charles de Valoix, comte de Joigny, seigneur de Mercueur, par Robert Crespy, dit de la Roche, escuier, qui recognoit tenir au nom de Beralde d'Auzolles, sa femme, en fief et hommaige de mond. seig., à cause de son chasteau et chastellenie de Mercueur, c'est assavoir la huitiesme partie d'ung dixme appelé de la Chappelle-de-Marcosse. Item un mas nommé de Dardes, lesquelles choses sont situées dans lad. chastellenie de Mercueur, affirmant led. recognoissant lesd. choses pouvoir valoir en censive et esmolument chascun an huict livres tournois, ainsi que appert plus à plain par les lettres de lad. nommée passées soubz le scel de la prévosté de Nonnette, datées de l'an mil CCC XXXII. (*Te filias*)

N° 212. — Nommée faicte à mond. seigr. Charles de Valoix, comte d'Alençon, seigneur de Mercueur, par Estienne de Belle-Eaue, escuier, de Chaslus-las-de-Bussières, qui recognoit tenir au nom de Haelips sa femme, fille à feu Bernard d'Auzolles, en fief de mond. seigr. à cause de son chasteau et chastellenie de Mercueur, c'est assavoir la huitiesme partie par indivis d'un dixme situé en la paroisse de la Chappelle-soubz-Marcosse, de blé, cher et layne. Item ung carton soigle de rente qu'il perçoit, ainsi que appart par les lettres de lad. nommée passées soubz le scel de la prévasté de Nonnette au pendant, datées de l'an mil CCC XXXIIII. *(Et domun)*

N° 543. — Lettres de recognoissance faictes à mond. seigr. Jehan, dauphin, par Haelyps d'Auzolles, vesve de feu Estienne de Belle-Aigue et tuteresse de ses enfants, laquelle recognoit tenir en fief de mond. seigr. tous les cens et rentes qu'elle prenoit au chastel et chastellenie de Voudable, comme est contenu esd. lettres passées soubz le scel de la prévosté de Nonnette, datées de l'an mil CCC XLI. *(Per illum)*

N° 557. — Aultre recognoissance faicte à mond. seigr. Bérauld par Jehan Chevalier, clerc d'Yssoire, qui recognoit tenir de mond. seigr. en fief et hommaige tout le droit et toute l'action qu'il avoit en cens et rentes qui furent de Blanche d'Auzolles, estans au lieu de Solignac dans la Chastellenie de Voudable, comme est contenu esd. lettres de lad. recognoissance passées soubz le scel de lad. prévosté de Nonnette au pendant, datées de l'an CCC LXVI. *(In mundo)*

N° 643. — Recognoissance faicte à mond. seigr. Robert par noble Durand d'Auzolles, escuier, qui recognoit tenir en fief de mond. seigr. trois sextiers et troys cartons de blé, et tout ce qu'il avoit et percevoit és villes et appartenances de Marueghol, de Ternant et de d'Anzat, ainsi qu'est contenu esd. lettres passées soubz le scel de lad. prévosté de Nonnette datées de l'an mil CCC XXII. *(Perambulant)*

II.

TESTAMENT

de François d'AUZOLLES

(1533)

A tous ceulx qui verront ces présentes, Jehan de Colonges,

escuier, seigneur de la Mothe et de Sainct-Genaix en partie, garde et tenent le seel de la court de la chancellarie de Mercueur, par hault et puissant seigneur et prince Monseigneur le duc de Lorrçyne, seigneur et baron dudict Mercueur, aux contratz estably, salut. Sçavoir faisons que par devant nostre amé et féal Berthélemy de Solinhac, clerc et notaire juré de ladicte court et de nous commis et depputé pour passer et repcevoir ces présentes, le jour et feste sainct Jacques, vingt-huitiesme de jullet l'an mil cinq cens trente-trois, Françoiz d'Auzolle, considérant que la mort est certaine et nulle chose plus incertaine que l'heure de la mort et qu'il estoit déjà desliberé aller en guerre et service du Roy, a faict son testament de derrenière volenté en la manière que s'ensuyt : Je Françoiz d'Auzolle considérant ne y avoir riens plus certain que la mort et plus incertain que la heure d'icelle faictz mon testament disant : *In nomine Patris et Filii et Spiritus Sancti, amen !* Et car l'âme est plus précieuse que le corps la donne, voue et recommande à Dieu le Père, le Fils et Sainct-Sperit. *Item* donne par mon testament, le predict jour de ma sepulture que sera faicte en mon esglize parrochiale de Moyssac, à quarante prebstres tant de ladicte esglize que forains à chescun d'iceulx cinq solz, le lendemain à ceulx de ladicte parrochie trois solz et le dîner. *Item* à treze povres (pauvres) à ung chescun une alne de drap de Mende. A la luminaire ce que par mes exéquteurs dans nommés sera advisé. *Item* veulx et ordonne que les prebstres de ladicte esglize durant la nouene (neuvaine) diront ung chescun jour d'icelle une messe de mortz et que par mon heretier universal dans nommé leur soit payé pour icelles cinq solz semel. *Item* donne à iceulx dicts prebstres ledict jour de la nouene (neuvaine) trois solz tournois et tant à la quarantene et tant au chap de l'année, ensemble leur dyner à iceulx. *Item* donne à Jehan Maurel la somme de vingt livres tournoises par une foiz; et où mon heretier dans nommé ne vouldroit icelles payer, les assigne sur ung mien pré situé aux appartenenses de Saincte-Anestasie et terreoir appellé Delz Chambonz. Faictz, institue et de ma propre bouche nomme mon heretier universal Pierre d'Auzolle, mon fils naturel et légitime. Donne et lègue à Guyot, mon fils ayné, quatre cens livres tournois payables deux cens contant, et deux cens cinq livres chescun an. Donne et lègue à Magdeleyne, ma fille, quatre cens livres, comprins en celle somme la somme dotale à elle constituée et donnée en son mariage d'entre elle et Jehan Doulhac. *Item* donne à Anne, ma filhe, quatre cens livres à elle venue en eaige de vingt-cinq ans. (Le pli du parchemin rend ici la lecture de quatre mots difficile ; nous pensons cependant qu'il faut lire ainsi : *et tant à chescun des aultres enfants)* s'il y avoit posthumes filh ou filhes à venir. *Item* faictz Jehanne de Besse, ma femme, dame et administraresse de tous et chescuns mes biens, elle demeurant vefve et usufructueresse. Faictz exécuteurs nobles Pierre de Faveyrolles et Johan de Cyveyrac, etc. oblige mes biens, etc. Témoingz Pierre Ythier, de Dienne, Pierre de Faveyrolles, Pierre du Fourn et J. Poulhier ; en tesmoingz desquelles chouses dessusdictes nous, garde du scel susdict, au rapport et relation de Julyen Damet, notaire soubzsigné de ladicte court juré, qui nous a féablement rappourté ce que dessus estre descript et contenu à la note des présentes dudict Maistre Berthélemy de Solinhac, notaire susdict juré de ladicte court quand vivait qui les avait reçeues, et lequel Damet pour les regrossoyer a esté commis et depputé par le chastellain ordinaire d'Alanche soubzsigné, suyvant laquelle commission les a regrossoyées comme dict est en la manière dessusdicte. Et par son dict rapport à ces dictes présentes avons faict mectre et appouser ledict scel que tenons de ladicte chancellarie. Faictes lesdicts jour, an et tesmoingz que dessus présens.

(Signé :) J. DAMET, (avec paraphe) notaire susdict commis qui les a expédiées par ordonnance et appoinctement de mond. s[r] le chastellain d'Alanche soubzsigné, qui pour ce faire m'a commis et depputé à la requeste de noble Pierre d'Ozolle à ce présent et requérant (3 mots effacés) et cède desdites présentes riesres Anthoine Solinhac (sic) fils et heritier dudict feu Me Berthélemy de Solinhac et au prothocolle d'icelluy.

L'original est entre les mains de M. d'Auzolle.

III.

CONTRAT DE MARIAGE

de Guyot d'Auzolles avec Charlotte de Rochefort

(1597)

A tous ceulx qui ces présentes lettres verront et orront, nous, garde et tenant le scel royal estably aux contractz à Riom en Auvergne, salut.

Sçavoir faisons que par devant notre amé et féal Jehan Dupuy, notaire royal et juré dudict scel, personnellement establys noble Pierre d'Auzolle, sieur dudict lieu et noble Guyot d'Auzolle, son fils, proceddant en tant que besoing sera de l'auctorité, puissance et licence dudict sieur d'Auzolle, son père, que luy a octroié pour passer le contenu en ces présentes, habitant au lieu et paroisse de Moissac, évesché de St-Flour, pour eulx et les leurs, d'une part; — et damoiselle Charlotte de Rochefort, fille à feu noble Jehan de Rochefort, quant vivoit sieur de la Roche, adcistée de damoizelle Anthoinette de Collanges, dicte d'Alleret, vefve dudict deffunt, sa mère, et d'elle en tant que besoing sera auctorizée, dame de ses droictz, habitante du lieu et chasteau dudict La Roche, paroisse de Bourloncle Sainct Pierre en ladicte evesché de St-Flour, pour elles et les leurs, d'autre partie; — lesquelles parties et chacune d'icelle de gré, etc., ont recognou et confessé que, de l'advis de leurs aucuns parents et amys à ceste fin appellés et assamblés, a esté pourparlé et traicté de faire et cellebrer mariage en saincte mère église, pourvu qu'il n'y ayt aucun canonique empeschement, entre ledict noble Guyot d'Auzolle, espoux advenir, d'une part, et ladicte damoizelle Charlotte de Rocheffort, expouse future, d'autre.

En faveur et contemplation duquiex mariage et pour la suspection et charge d'icelluy, ladicte damoizelle Charlotte de Rocheffort, dame de ses droictz, comme dict est, adcistée et auctorizée comme dessus de ladicte damoizelle sa mère et de son advis et de ses aucuns parens et amys, mesmes de noble Jacques de Rochemonteix, sieur à présent dudict La Roche et de Teraulles, sieur de la Gellerie, ses beau-frères, Jacques de Guilhen, sieur du Cluzel, Pierre d'Ambitte, sieur de Chastellet, ses oncles, et autres cy amprès nommés et signés, c'est constitué elle mesme et pour et au nom d'elle audict noble Guyot d'Auzolle, son espoux futur, en et avec tous et chascuns ses biens et droictz à elle advenuz et escheuz par le decedz dudict feu noble Jehan de Rochefort, son père, qui concistoit lors de son decedz en la tierce partie par indivis de la seigneurie dudict la Roche, chasteau, d'aucunes justice, cens, rentes, dixmes, gaiges, prés, champs, vignes, mestairies et autres choses déspandant d'icelle; laquelle seigneurie entière fut extimée, lors du mariage dudict noble Jacques de Rochemonteix et de damoizelle Marguerite de Rocheffort, sœur aisnée de ladicte damoizelle future espouze, à la somme de 10.000 escus sol., de laquelle fut destrect, rebattu et défalqué la somme de 2.411 escus 6 sols d'ung costé donnée à ladicte damoizelle de Collanges mère pour la restitution de sa doct, gaige nuptial, et autres droictz que lui pouvoit competer et apartenir selon la liquidation qui en fut dès lors faicte d'ung cousté, et la somme de neuf vingtz troys escus que ce pouvoit monter les autres debtes pacifs de la communaulté de bien que du surplus de ladicte estimation que revient à ladicte damoizelle Charlotte de Rocheffort expouse future la somme 2529 escus 38 sols; laquelle somme fut admise des lors par les parens et amys debvoir estre constituée par ledict noble Jacques de Rochemonteix à damoizelle Claude de Rocheffort et à ladicte damoizelle Charlotte, expouse future, seur de ladicte Marguerite et à chacune d'icelles; et myenant laquelle elles quitteront chacune au prouffist dudict noble Jacques de Rochemonteix ledict tiers par indivis de ladicte seigneurie de la Roche circonstances et dépendances d'icelle, afin de ne indiviser ladicte seigneurie de la Roche, malaizée et incommode à estre partagée, et pour la conservation d'icelle en son entier. Suivant lequel contract ladicte damoizelle Claude de Rocheffort auroit esté despuis mariée avec ledict sieur de la Gellerie, à laquelle auroit esté faicte la constitution de ladicte somme de 2.529 escus 38 sols pour son dict tiers de ladicte seigneurie de la Roche, lequel il auroit quicté myenant ladicte constitution audict sieur de Rochemonteix; despuis lequel contract le s[r] de St-Quintin auroit pretendu le quart et quatriesme partie de ladicte seigneurie de la Roche, intanté acte pour raison d'icelluy contre ledict de Rochemonteix qui auroit esté à ce contraire, de l'advis de conseil et des communs parens et amys accordé et transigé d'icelluy avec ledict sieur de St-Quintin par contract de transaction reçu par Géant, notaire soubzsigné. A cause de quoy ledict sieur de la Gellerie pour le tiers et pourtion de ladicte damoizelle Claude de Rocheffort, sa consorte, auroit desduict et tenu en compte sur la mustation d'icelle damoizelle Clauda de Rocheffort la somme de 133 escus pour tiers, à laquelle lesdicts sieurs de Rochemonteix et de la Gellerie se furent acordés pour raison du tiers de ladite damoizelle Clauda, desduction faite dudict quart pour ledict sieur de Sainct-Quintin par transaction faite pour raison de ce, combien que ledict sieur de Rochemonteix prétendit ce montoit de plus de beaucoup. En considération de quoy pareille somme de cent trente troys escuz par tiers doibt estre rebattue de ladicte somme de deux mil cinq cens vingt neuf escuz trente huict solz et précompté à icelle, de sorte que les droictz de ladicte damoizelle Charlotte de Rocheffort selon l'estimation de ladicte seigneurie de la Roche revient de nect et liquide la somme de 2396 escuz 18 sols, à laquelle somme de 2396 escuz 18 sols tenant lieu dudict tiers de ladicte damoizelle Charlotte, avec laquelle cy dessus constitué ledict noble Jacques de Rochemonteix suivant sondict contract de mariage a payé en desduitz d'icelle comptant, réallement et de faict la somme de cinq cens escuz sol. audict noble Guyot d'Auzolle en doubles ducatz escuz sol. testons et autre monnoye ayant courtz, comptée et nombrée en presence dudict Me Pierre de Cistel cy amprès escriptz, et par lesdictz sieurs d'Auzolle père et fils heuz, receuz et retirés devers eux dont ils quictent ledict noble Jacques de Rochemonteix et les siens, en pacte de ne luy jamais plus faire aulcune question ni demande en jugement ne dehors. — Et pour le surplus de ladicte somme ledict sieur de Rochemonteix a promis esatement payer a ladicte damoizelle Charlotte de Rocheffort, espouze future, et au nom d'elle audict noble Guyot d'Auzolle, sondict futur espoux, assavoir autre et pareille somme de cinq cens escuz sol. d'huy dacte des présentes en ung an, la somme de cinq cens escuz sol. l'an après et anfin d'icelluy, ainsi d'an en an a telz et semblables termes pareille somme de cinq cens escuz sol. jusques affin de payement de ladicte somme constituée. Moyenant laquelle constitution ou payement et promesse de payer icelle faicte par ledict sieur de Rochemonteix de ladicte somme de 2396 escuz 18 sols à ladicte damoizelle Charlotte de Rocheffort et pour elle audict noble Guyot d'Auzolle, ladicte damoizelle Charlotte proceddant en tant que besoing seroit de sondict futur espoux et tous deux dudict sieur d'Auzolle père a quicté au prouffict dudit noble Jacques de Rochemonteix et des siens suivant la présente en sondict contract de mariage et advis donné par icelluy d'entre ledict sieur de Rochemonteix et ladicte damoizelle Marguerite de Rocheffort sa consorte, et à présent parens et amys susnommés et se amprès escriptz et signés, le tiers et tierce partie par indivis de ladicte seigneurie de la Roche que luy povoit compcter et appartenir par le decedz dudict feu noble d'Auzolle, son père, ainsi qu'elle est et conciste et avec ses appartenances et deppendances sans aucune chose en réserver ne retenir; recognoissant et confessant ladicte somme de 2396 escus 18 sols equipoller à la valleur de sondict tiers et à ladicte estimation d'icelle, a compte bien et deuement faicte; meismes que l'esdictz sieurs d'Auzolle père et fils ont fait déclaration presentement aymer mieulx ladicte constitution en deniers que en fonds et tiers de ladicte seigneurie pour l'employer en leurs affaires, et leur habitation estre alegnée dudict chasteau de la Roche. — Et a esté accordé entre les parties que de ladicte somme de 2396 escuz 18 solz et des premiers deniers d'icelle sera prinse la somme de 200 escuz pour estre employée en robbes et habitz nubciaulz à l'usage de ladicte damoizelle future expouse, que ne seront aucunement restituables en cas de restitution advenans; auquel cas de restitution pour le surplus de ladicte somme de 2396 escuz 18 solz, lesdicts nobles Pierre et Guyot d'Auzolle, père et fils, l'ung pour l'autre et le seul pour le tout sans faire division ne desunion, expressement ont promis rendre et restituer à ladicte damoiselle Charlotte de Rocheffort espouze future ou au defaut d'elle à celluy ou à ceulx à qui ladicte restitution appartiendra, à telz et semblables termes que les payements de ladicte constitution ce trouveront faictz et que sont cy dessus specifiez. En considération duquel employ de ladicte somme de 200 escuz pour lesdictes robbes et habitz nubciaulx, d'Auzolle père et filz ont promis insolidairement comme dessus avec mesmes renonciations en régaller ladicte damoiselle espouze future de doreures, bagues et joyaulx, le jour des nobces, jusques à pareille somme de 200 escuz sol. que luy seront propres et luy appartiendront, ensemble toutes les autres robbes, doreures bagues et joyaulx dont elle ce trouvera saisie et lui seront à usage lors du decedz dudict sieur d'Auzolle son futur espoux en cas que vienne à décedder premier que ladicte future espouze. Et oultre ce audict cas de survye d'icelle damoiselle future espouze à sondict futur espoux, lesdictz sieurs d'Auzolle père et fils luy ont donné et constitué de douaire annuel et vyager la somme de cent escuz de prinse et revenu annuel, joyssance d'ung pré de huict charretées, fruict d'ung jardin à chanvre d'une septerée de terre, d'ung autre jardin contenant quatre quartonnées de terre et du bois pour son chauffage et usage, la moictié de la maison de Moissac appartenant ausdictz sieurs d'Auzolle, meubles et ustancilles de maison bien et honnestement selon l'estat de ladicte damoizelle; ou bien, en lieu d'icelle joyssance de moitié de maison, luy sera payé et baillé la somme de vingt escuz sol chacun an, oultre lesdicts meubles et ustancilles. Lequel revenu et douaire tel que dessus ladicte damoizelle prendra et joyra par ses mains sur ladicte seigneurie d'Auzolle et biens dudict Moissat, et de proche en proche jusques a clusion dudict douaire tant que ladicte damoizelle espouze future demeurera vefve après le deceds dudict sieur d'Auzolle son futur époux. Lequel douaire sera reduict et moderé à la moictié qui est la somme de cinquante escuz sol., sans aucune maison ne meubles, où elle viendroit à convoller à segondes nobces. Et en faveur du présent mariage lesdictes parties, désirant gratiffier ung des enffans qui sera procréé d'icelluy mesmes, ledict Pierre d'Auzolle père icelluy sieur d'Auzolle a donné à ung des filz du présent mariage, et au défault des filz à une des filles, tel que sera nommé par ledict sieur d'Auzolle père, ou au défault d'icelluy par lesdicts espoux futurs ou l'ung d'eux, et au défault de filz la nomination au fils aisné ou sy n'y a masle à la fille aisnée du présant mariage, en preciput par advantaige dessus des autres enffans d'icelle, la somme de cinq cens escuz sol. à prendre sur tous et chascuns les biens d'icelluy sieur d'Auzolle père donnateur. Comme de mesmes ladicte damoiselle Charlotte de Rochefort, espouze future, a faict par ces meismes présentes donnation à l'ung des enffans, selon la nomination susdicte et en la forme que dessus, et en préciput et advantaige, de la somme de deux cent cinquante escuz sol. à prendre sur tous et chascuns ses biens. Et la somme de sept cens cinquante escuz proceddant desdictes donnations sera et appartiendra à ung desdicts enffans du présent mariage en préciput et advantaige, comme dict est et en la forme et manière cy dessus contenue, le notaire soubzsigné stipullant pour ledict enffant auquel ledict préciput appartiendra. Et parceque ledict noble Guyot d'Auzolle espoux futur a esté cy devant marié avec feu Anthoin. de la Volpilière naguères deceddée, délaissant à elle survyvant noble Pierre d'Auzolle son filz et dudict futur espoux, icelluy noble Guyot d'Auzolle auroit obtenu commission de Mons[gr] le Seneschal d'Auvergne ou son lieutenant pour faire faire inventaire des biens maternels dudict Pierre d'Auzolle son filz, pour soy conserver uzuffruict d'iceulx sa vye durant et faire procedder à icelluy par le juge ordinaire de Murat en la présence de noble Pierre de la Volpilière, sieur de Feydit, frère de ladicte defuncte et oncle maternel dudict Pierre d'Auzolle filz et plus proche à luy succeder, et de procureur pour luy speciallement fondé ainsi qu'il a munstré par le procès verbal dudict juge de Murat contenant ledict inventaire du dix neuvième des présent moys et an, ledict sieur de Feydit présent a approuvé ledict inventaire comme faict en sa présence ou de son procureur et de son consentement par ledict juge de Murat qu'il a accordé a jugé, voullu et consenti qu'il soit bon et vallable et de telle force et vertu que s'il avoit esté faict par mondict seigneur le Senechal d'Auvergne ou son lieutenant. Car ainsi l'ont voulu et accordé lesdictes parties adce présentes recepvantes et acceptantes pour elles et les leurs respectivement chascun en droict soy. Promis et juré sur les saincts évangilles de Dieu, manuellement touché le livre, et soubz l'yppotèque et obligation de tous et chascuns leurs biens meubles et immeubles, présents et advenir, tenir et actendre le contenu en ces présentes sur peine de randre et payer tous despens, dommages et interests; et en oultre lesdicts futurs espoux et espouse proceddant de l'auctorité que dessus ont constitué ledict sieur de Rochemonteix et les siens dudict tiers et tierce partie par indivis de ladicte seigneurie dudict La Roche, chasteau, domayne, justice, cens, rantes, dixmes, garennes, prés, champs, vignes et autres choses deppendans d'icelle vray seigneur et maitre, util proppriétaire et possesseur, pour en faire à son plaisir comme de sa chose propre et vray acquetz, se desmettant du tout par le bail et octroy des présentes à son prouffict en luy transferrant tout droict de propriété seigneurie et autres quelconques et ès siens à perpetuel. Confessans que tout ce qu'ils en tiendront et posséderont le tenir preté et possédé au prouffict dudict sieur de Rochemonteix et des siens à perpetuel. Et néanlmoins soubz les ypotèques et obligations de tous et chascuns loursdicts biens présens et advenir ont promis icelle dicte tierce partie de ladicte seigneurie de La Roche, comme cy dessus est spéciffié, garantir et deffendre envers tous et contre tous de tous troubles et empeschements en jugement et dehors sur paine de randre et payer tous despens, domages et interestz. Et ont lesdictes parties constitué leurs procureurs generaulx et spéciaux Mes Claude Mercier et Guy Bladier, procureurs au siége présidial d'Auvergne, à Riom, pour consentir et requérir l'insinuation des présentes en ladicte sénéchaussée, promettant le tout avoir agréable, soubz l'ypoteque de tous et chascuns leursdicts biens. Renonçant icelles dictes parties à toutes actions, exceptions et défenses qu'ils sauroient dire et alléguer contre sesdictes présentes et à icelles contraires, meismes au droict disant *generalle renonciation non valloir sinon que l'espécialle ne précedde ou soit devant mise.* Et pour tenir et actendre le contenu en ces présentes à default d'eux ont voullu illec, leurs hoirs futurs et successeurs promettre et pouvoir estre estre forcez, contrainctz et compellés par nous garde susdict ou par celluy qui sera par l'advenir en lieu de nous et par les compultions et jugements de Monsieur le sénéchal d'Auvergne ou son lieutenant et juges tenant le siège présidial audict Riom, et de tous autres juges royaulx et ordinaires qu'il appartiendra et aussi par la prinse, vante et exploictation de tous et chascuns leurs dictz biens. En tesmoing desquelles choses dessusdictes, nous garde susdict, au rapport dudict notaire à sadicte rellation, que adjouxter plaine force à ces présentes, avons mis et apposé ou faict mettre et apposer ledict scel royal que tenons. Que furent faictes et passées audit chasteau de la Roche présens et personnellement appelés noble Gaspard de la Rocquelaure, escuier, sieur de Villeneufve; Jehan de Rocheymont, sieur de Vervassal; François de Parentigniac, sieur dudict lieu; Jacques d'Auzolle, sieur de Durbiac; Anthoine du Chariol, sieur de S. Geron et de Salles; Loys de Guilhen, sieur de Farges; Gabriel de Rochemonteix, sieur de Cabannes; Anthoine de Ambittes; Jehan de Cluzel; Anthoine de Merton; François de Somieuvre, sieur de Larmandie; discret homme et sage Me Guillaume Costet, docteur en droict, habitant de Langhac; maître Antoine Chazelles, juge de Chanaliargnes; Me François Roy, habitant de Beyssac et Me Jehan Roy, habitant de Clamont, qui ont tous et avec lesdictes parties signé à la minute des présentes, le vingtiesme apvril mil cinq cens quatre vingtz et dix sept. Et au dessoubz signé Dupuy et escript ainsy est pour ledict espoux et les siens et scellé.

Ces présentes ont esté insinuées et enregistrées au cent dix neufviesme registre du greffe des insinuations de la Senéchaussée et siège présidial d'Auvergne; et ce ès 150e, 151e et 152e feuillet dudict registre; ce requérant Mes Claude Mercier et Guy Bladier, procureur desdictes parties contractantes, qui ont consenti à ladicte insinuation, le tout suyvant leur procuration transcripte audict contract. Et de ladicte insinuation ont requis acte. Octroyées ces présentes pour valloir et servir ce que de raison. Faictes et données à Riom le quatorziesme jour de juing 1597.

Archives dép. du Puy-de-Dôme. B. (*Insinuat.*, n° 89, p. 150.)

IV.

COPPIE

DES LETTRES DE GRACES OBTENUES PAR D'AUZOLLES

GASPARD D'ALLÈGRE compte de Beauvoir seigneur et baron de Viverols et autres ses places, chevallier des ordres du Roy, gouverneur pour Sa Majesté de la ville de Montégut-les-Combralhes et son sénéchal d'Auvergne, SALUT.

Comme Jean d'Auzolle, escuyer, s[r] de la Molède et de la Viaux, c'est pour raison de l'omicide commis en la personne de feu Mre Jacques de Beauvergier de Mongon obtenu lettres de grâce pardon et rémission dont la preuve s'ensuit :

Louis, par la grâce de Dieu Roi de France et de Navarre, à tous presantz et advenir salut. Nous avons receu l'humble suplication de Jean d'Auzolle, escuyer, s[r] de la Molède et de la Viaux, âgé de 64 ans, contenant que despuis que la guerre est ouverte contre les ennemys de notre couronne il nous a toujours bien et fidellement servy en nos armées, et spéciallement à celle de Cathellongne et Roussilhon, tant comme vollontaire qu'en quallité de lieutenant d'une compaignie de chevaulx-légiers, ne s'estant passé aulcune occazion ou siège où il n'ayt particullièrement randu preuve de son courage et affection, en sorte que notre très cher couzin le prince de Condé, lors général de notre armée, luy offrit une compagnie de chevaulx-légiers ; dont s'estant excuzé sur le peu de bien qu'il avoit pour subvenir à la despense de telle charge, il accepta celle de lieutenant soubs le S[r] baron de Chalabres ; et estant apprès la campaignie de l'année 1640 revenu voir sa familhe, il se seroict environ la feste des Roys trouvé au bourg de Sainct-Poncy, près Sainct-Flour avec le chevallier de Mongon, frère du Sr de Beauvergier ; et sur ce que ledit chevallier offensoit grandement de parolles (1) et menasses un gentilhiomme absent et amy, parant dud. supliant, ils heurent quelques parolles d'aigreur qui n'eurent pour lors d'autre effaict, ceulx qui estoient prezantz les ayant incontinant paciffié. Néanlmoings despuis led. temps ledit chevallier acompaigné de huict ou dix hommes armés de pistolletz ou fuzilz seroyent allé diverses fois chercher ledit supliant ès environs de sa maison, mesmes led. jour de la feste des Roys, espiant qu'il allast à la messe ; de quoy estant adverty par un peyzant du lieu de Charbonnier il se résolu de demeurer

(1) A dist qu'environ la feste des Roys de l'année 1640 le respondant s'estant trouvé au lieu de Sainct-Poncy dans la maison du sieur d'Alleret, au sortir de lad. maison il rencontra le sieur chevallier de Montgon se pourmenant avec la dame du Rochin, que le respondant salua ; et à l'instant led. chevallier de Montgon lui dict que le sieur de Font-Vegne nepveu au respondant estoit un coyon et poltron et qu'il le traiteroit à coups de baston, dont led. respondant s'offança et respondit que led. sieur de Font-Vegne estoit homme de bien et gentilhomme d'honneur et duquel led. sieur de Montgon avoit tort de parler de la sorte dont led. de Montgon se picque et repartit en ces termes : Ouy, mort dieu, je le traiteroy à coups de baston et vous ytout. Ce que obligea le respondant de luy dire qu'il estoit homme d'honneur et de bien, et voyant lad. dame du Rochin que led. sieur de Montgon s'eschauffoit lad. dame du Roschin se retint dans la maison.

(2e Interrogatoire du S[r] d'Auzolles.)

en sad. maison ; de quoy les gentilshommes voizins ayant heu advis les accordèrent. Au préjudice duquel le huictiesme aoust ensuivant le supliant estant encore dans le pays par indisposition et affaires à luy survenues, le Sr de Beauvergier seroict venu du lieu de la Suchière distant de quatre grandes lieues, accompaigné de dix ou douze hommes armés de pistolletz et fuzilz conduicts par le nommé Jean Jouvet, fermier de la commanderie de Charbonniers ennemy dud. supliant, chasser dans les bleds orges et chanvre dud. supliant qu'ils lui avoyent entièrement gastés et mis en littière jusques proches la porte de sa maizon, ou ayant apperceu le supliant avec sa femme s'escrièrent tout hault en risée, jurant le sainct nom de Dieu : Il y a icy des perdreaux; chassant accompaigné de dix ou douze hommes. Ce que voyant led. supliant pour esviter querelle entra dans sa maison, et environ une heure apprès midy luy ayant esté rapporté que les chasseurs s'estoient retirés y avoict longtemps, il monta sur une cavalle pour aller voir ses vignes qu'il avoict du costé de Mauriat et aud. lieu de Mauriat où il avoict quelques affaires et estant proche du territoire d'Aurouze, justice dud. Mauriat, il fust estonné qu'il apperceut led. Sr de Beauvergier avec ses assistans en nombre de dix ou douze, partie à cheval et partie à pied, garnis de pistolletz et fuzilz. Iceluy de Beauvergier advancé de quelques pas voyant le supliant courut à luy l'espée à la main cryant : Attandz, pourtron, attandz, et se voyant le supliant pressét de près se mist en deffance dizant aud. Beauvergier : Passes votre chemin et n'approches pas. Mais icelluy de Beauvergier percistant à son mauvais desseing tira l'ung de ses pistolletz contre led. supliant, lequel pour garentir sa vye qu'il voyoit en grand péril, led. de Beauvergier estant suivy de nombre d'hommes armés de pistolletz et de fuzilz, fust contrainct de tirer ses pistolletz et se sauver promptement aud. Mauriat et de là en notre armée, où il a tousjours despuis commandé et combattu soubz les ordres du Sr Maréschal de Brezé, mesmes lorsque le marquis de Terragousse s'efforsa de ravitalhier Perpignant ; dans lequel combat led. supliant reçeu un coup de mousquet à l'espaulle et 2 coups d'espée au corps, ayant aussy à la (rentrée?) de deux escadrons de cavalerie tué Dom Phillipe-Fransois qui commandoit un escadron de l'armée ennemye, et ensuicte sur le commandement du S^r d'Espanon conduizit sa troupe à Ste Marye, plasse dont l'ennemy s'estoit saisi pour passer les vivres ; laquelle fust pareilhement forcée et prise et despuis s'est trouvé autour de Perpignant pour empescher le secours et en l'armée devant la ville au quartier de

Bompas dont il a esté enlevé par le Sr de Matrou, frère dud. Sr de Beauvergier de la suicte du Sr de Cinq-Mars duquel il avoict prévenu l'esprit en sorte qu'il lui avoict donné pour cest effaict quarante mousquetaires et quelques officiers de son régiment; feignant de l'amener partit à nous. Au préjudice duquel et de l'instante prière qu'il leur en fist, il fust mené en divers endroictz jusques dans le château de Coran, appartenant au frère dud. de Beauvergier ou pendant un jour et deux nuictz ils luy ont faict fère par gens masqués toutes sortes d'indignités et cruauttés imaginables, luy lier bras et jambes extraordinairement, arracher le poil de la barbe, forcé d'escripre deux lettres à sa femme pour l'obliger par l'une d'icelle de leur apporter mille écus et par l'autre de leur amener sa filhe, luy ont prins tous ses certifficas et autres papiers, et de là l'ont mené en la ville de Sainct-Germain où ilz l'ont débtenu dix-sept jours, et enfin amené es prisons de Riom où il a appris que pandant son absance ses parties en ayant prins advantaige l'ont faict condamner par jugement de contumace du juge de Montpansier ; et soubz le voille dud. jugement le chevallier de Mongon avec grand nombre de gens de leurs subjects domestiques et autres seroient allés en la maison dud. supliant, l'ont faicte raser, coupper le bois et le parc d'Auzolles, plus de trois centz sestiers bléds, ensemble tous ses meubles qu'ils ont vendus et dissipés sans avoir esgard à l'opposition de lad. d[elle] sa femme qu'ilz ont contraincte avec ses filhes de s'enfuyr. Et ensuite s'ensont allés en une autre maison du supliant appellée la Molède où ilz ont rompu, brisé, enlevé tous les meubles et pour plus de trois mil livres de bestail. Et non contantz de ce, le dettiennent es prisons sans poursuivre le jugement de son procés, espérant de le faire mourir en icelles ce qui l'oblige de recourir à nous pour impétrer nos lettres de grâce, rémission et pardon qu'il nous a très-humblement faict suplier luy octroyer.

A CES CAUSES, scavoir faisons désirant mizéricorde estre prefférée à rigueur de justice, en considération des services dud. supliant et pour luy donner moyen de les nous continuer, nous luy avons remys, quitté et pardonné, et de noz grâces spécialle playne puissance et authorité royalle remettons, quictons et pardonnons le faict et cas susdit avec toutes paynes et amandes corporelles, criminelles et civilles qu'il a pour raison de ce encorues envers nous et justice, mettant au néant toutes infirmations décretz et santances et jugement qui s'en pourroient estre contre luy ensuivi, le remettons en ses bonnes fames et renommée et en ses biens non d'ailleurs confisqués, satisfaction préallablement faicte à partie; civille si faict n'a esté et s'il y eschoict, impozons sur ce sillence perpétuel (au) procureur général à ses substituts presantz et advenir et à tous autres. Si donnons en mandement à notre Senéchal d'Auvergne ou son lieutenant criminel et gens tenant le siege présidial de Riom que de nos présentes grâce et rémission et pardon ils fassent, souffrent et laissent jouir et user ledit supliant plainement et paiziblement et perpétuellement, cessant et faisant cesser tous troubles et empeschement au contraire, car tel est notre plaisir. Et affin que ce soict chose ferme et stable à tousjours avons faict mestre notre scel à sesd. présentes.

Données à Saint-Germain-en-Laye au mois de décembre mil six cent quarante deux, et de notre règne le trante-troisième.

signé : LOUYS.

et plus bas : par le roy, de Loményе. Scellées au grand seau en cire verte et sur le repli : Viza concentor. Par quoy mandons au premier huissier ou sergent royal et au premier d'eulx sur ce requis en éinstance dudit impétrant jour de dimanche yssue de la messe de paroisse de...... adjourné devant nous ou notre Lieutenant Général criminel tous en général prétendant droict et intérestz à la mort et homicide dud. feu de Beauvergier et en particulier la vefve et enfans héritiers et parans charnels dud. deffunct et ce au 3e du mois présant, avec intimation à chescun d'eux qu'en comparant ou non sera faict droict l'intérinement desd. lettres ou autrement procédder ainsy qu'il appartiendra de ce faire vous donnons pouvoir. Donnée à Riom soubz le seel royal de lad. Sénéchaussée le 13e jour de janvier 1643 et au dessus : Viza et Dupuy, signé :

Rapporté à vous Mre le Sénéchal d'Auvergne ou votre Lieutenant Général criminel, je huissier audiencier soubsigné en vertu des lettres cy dessus et attache, à la requeste dud. Sr d'Auzolles impétrant, je me suis transporté au domicile de Mre Amable Brun ou à présent faict sa demeure dame Anne de Chauvigny de Blot vefve dud. feu Sr de Beauvergier à la quelle en exploit aux nommés à mon original je luy ay signiffié lesd. lettres et pour procédder suivant icelles, assigné devant vous mond. Sr ou votre Lieutenant à demain vendredy prochain venant, heure de l'androit et pour autremant procédder sellon raison. Faict et bailhé coppie es présence des tesmoings nommés à mon original. Faict le 29e Janvier 1643.

signé : ROBUSSON.

Archives départementales du Puy-de-Dôme — Commanderie de Charbonnier — Coto 25 — Pièces de procédure.

V.

DOCUMENTS

sur Pierre d'Auzolles de la Peyre, dit le Capitaine la Peyre

1°

« . . . .

« . . . .

« L'armée donc se campa devant le chasteau de Peyre, où « Pierre d'Auzolles, *sieur de la Peyre,* commandait. *Le fort bas* tint « quelques jours, après lesquels on le quitta (parce que 400 « soldats de service là, s'enfuirent la nuict), qni fut bien un grand « malheur, parce qu'il estoit suffisant pour faire teste ; et se « retira un au *fort hault,* (n'ayant le sieur d'Auzolles assez de « soldats pour garder les deux forts).

« Pour bastre lequel fut faict un cavallier (une grande mon- « taigne de terre) où les canons furent mis et posés, et de là on « bastit presque 15 jours pendant lesquels la plupart des soldats « se sauvèrent de nuict au desceu de leur capitaine ; une autre « partie fut tuée dedans par les esclats de canon, et les aultres « ne pouvoient faire grande défense, parce qu'il leur fallait « toujours tenir le ventre par terre, parce que le dongeon estoit « razé à fleur de rocher, et la ruyne qui tombit les offensait fort, « etc., etc. . . . .

« . . . .

« . . . . Enfin, *le seigneur de la Peyre* se voyant quitté de la « plupart de ses soldats, et que le peu qui restoit estoient blessés « ou malades ; joint qu'il estait blessé, fut contrainct de se rendre, « ayant esté accordé *que tous les soldats auroient la vie sauve,* et le « seigneur de Lavédan la lui promit à lui, qui fut cause qu'il se « donna à lui.

« De tous les soldats qui sortirent *nul n'eust aucun mal,* mais « ayant ledict seigneur de Lavédan prins le *sieur de la Peyre,* il ne

« lui tint point ce qu'il lui avoyt promis, car quoy que tous les « soldats eussent la vie sauve, sy est ce qu'il le mist comme à « l'inquant; ayant esté esmise une grande question entre les « habitants de St-Flour et les habitants de Mende à qui l'auroyt. « Enfin après longues disputes, il fust ordonné que ceulx de « Mende l'auroient : Tellement qu'ils le prinrent et l'admenérent « à Mende. où il ne fist guère de séjour. Car son procès lui fust « faict par les officiers ordinaires dudit Mende, et par eulx « condamné d'avoir la teste tranchée. Or après que la sentance « lui heust esté prononcée, le seigneur évesque de Mende lui fist « ce reproche qu'il avoit prins sa ville et ruyné ses habitants; « mais que yceulx lui verraient trancher la teste. Sur quoy il « répondit qu'il louoyt Dieu de tout ce qu'il lui donnoyt; toutefois « qu'il n'avait jamais faict la guerre au bœuf n'y à la vache, n'y « usé d'aulcune trahison. Apres, il escripvit une lettre à la « damoiselle sa femme qui estoyt à Jan de Gardonnenque, la « priant entr'aultres choses, de ne se remarier point, l'exhortant « à prendre en patience tout ce qu'il plairoyt à Dieu lui donner; « ladite lettre faicte, il la bailla à un de sa compaignie, et le pria « instamment de la rendre à sa dicte femme, comme il fist. En « après il se retira en un coing, ou il fist sa prière à Dieu. De là « il fust mené à l'exécution; et estant sur l'eschaffaud il ne dict « aultre chose, sinon qu'il appela le seigneur de Lavedan traître, « et qu'il ne lui avoyt pas tenu ce qu'il lui avoyt promis. . . . . .
« . . . .

Docteur Prunières : *L'ancienne baronnie de Peyre d'après des documents originaux et inédits*. Bulletin de la Société d'agriculture de la Lozère.

2°

Audition seconde

Du neufviesme jour du mois de septembre 1586. Pierre Dauzolles, dict le capitaine la Peyre, a esté oui et interrogé, moyennant serement, comme s'ensuyt.

En premier lieu, interrogé si ce qu'il respondit le jour d'yer 8e de ce mois est véritable et s'il y veut persister.

A dit que ce qu'il nous a dit en sadite audition contient vérité.

Enquis s'il sait autre chose de l'entreprise que ceux de la nouvelle opinion ont souvent heu sur ceste ville (de Mende) mesme depuis un an et demi, et s'il ne sait fort bien que ceux de la ville de Marvejols, mesmes les consuls de ladite ville, le savaient fort bien et manioyent ladite entreprise.

A respondu qu'il en a dit la vérité en sa première audition; et touchant lesdites entreprises Mre Pierre Rodes, docteur et 1er consul de lad-ville, les savait fort bien et comme tout se manioyt; car le capitaine la Roche, qui commandait en ladite ville et qui exécutait lesdites entreprises ne faisoit rien sans en communiquer audit Rodes.

Enquis s'il n'a vollu surprendre la ville de la Canourgue et qui estoient ceux qui lui tenoient la main à ladite entreprise.

A respondu qu'il en a dict la vérité en sa première audition accordant estre de la troupe de ceux qui vouloient surprendre la dite ville ne luy souvient du temps.

Interrogé s'il n'estoit à l'entreprise de la ville du Puy et s'il ne sait fort bien ceux qui y tenoient la main.

Dict qu'il en a dit la vérité en sadite première audition, et qu'il n'y estoit point lorsqu'on vollust surprendre ladite ville; mais sait il bien que c'estoit un petit homme, barbe roux, natif du Puy qui se tient à présent à Montpellier, lequel est serviteur du sieur de Chastilion qui manioyt ladite entreprise, et comme ils heurent fally ladite ville du Puy, ilz se dispitoient contre le sieur de Monbrun de ce qu'il s'estoit retardé de pourter un pétard qu'il devoit appourter.

Enquis s'il n'a plusieurs fois entreprins sur la ville de St-Flour en Auverhne et du nom de ceux qui lui tenoient la main.

A respondu et accordé avoir entreprins de surprendre ladite ville de St-Flour et pour y parvenir vouloit il monter à la fausse braye de ladite ville, ou on ne fait poinct de garde et avoit on déjà prins avec de la cyre la mesure et grandeur de l'entrée de la clef qui fermoit et ouvroit la porte de ladite fausse braye pour aller entre les portes de la porte de Muret, et sur ladite mezure de cyre ung nommé Hourssy, secrétaire de feu capitaine Merle fist faire trois diverses clefs, de l'une desquelles on debvoit ouvrir ladite porte de la fausse braye; lesquelles furent faictes par un serrurier d'Allez, qui disoit que que pourveu qu'il eust la mezure de l'entrée d'une serrure, il feroit trois clefs avec l'une desquelles on estoit assuré d'ouvrir la porte de ladite serrure; et après qu'ilz eussent esté entrez entre lesdictes deux portes, ils debvoient avec un pétard enfoncer la première porte dedans la ville et entrer dedans; et lequel pétard est encore entre les mains du capitaine St-Martin de Barre; et cestoit l'entreprinse qu'ilz avoient envoyé d'exécuter sur la dite ville de St-Flour, non qu'il y eust intelligence avec aucung de ladicte ville et du temps de ladicte entreprinse y a environ troys ans au plus.

Enquis s'il n'a souvent taché de surprendre la ville d'Orlhac et qui luy tenoit la main a ladicte entreprinse.

Accorde que du temps qu'il tenoit le Mur de Barrès il avoit une entreprinse sur ladite ville d'Orlhac par le moyen du filz d'ung nommé Rey, peyrolier dudit Horlhac, qui lui avoit promis dans la maison du sieur de Moureysse, qu'il se trouverait à la muraille de ladite ville avec tant de gens qu'il pourroit pratiquer pour le faire entrer dedans; et sous cette promesse faicte par ledit filz de Rey, ledit répondant luy promis deux mille escus.

Interrogé s'il n'a volu surprendre la ville de St-Chély; du mandement de qui il le faisoit; qui étoit avec luy et quelles intelligences il y avoit.

A respondu qu'il a volu surprendre ladite ville de St-Chély, accompagné d'ung nommé Joly Bernard, aultre nommé Gabarel qui estoient de ladite ville, huguenotz, sans qu'il eust autre intelligence dedans; et ce qu'il en faisoit cestoit du commandement du sieur de Montmorency, qui lui avoit promis, mais que lad-ville de St-Chély eust esté prinse, luy envoyer sa compagnie d'Albanoys pour exécuter l'entreprinse dudit St-Flour.

Enquis s'il n'avoit d'autres entreprinses sur autres villes du présent pays ou des environs, mesmes sur la ville de St-Laurent-Rive-dolt.

A respondu que ung homme à barbe noir, âgé d'environ 40 ans, le nom duquel il ne scayt poinct, bien estoit il de quelque lieu prez ledit St-Laurent, et venoit souvent aux marchez dudict Marvéjols, ayant apparence d'estre quelque notaire, a persuadé souvent audit respondant qu'il le feroit entrer dans ledict St-Laurent par une fausse porte qu'il y auoit, qui ne se cognoyt poinct, mais il savoit l'endroict. Et après être entrez à ladicte porte ilz devoient avec le pétard enfoncer certaines portes de quelques maisons pour entrer dans le chasteau Lequel susdit homme avoit esté pratiqué par le capitaine Caylar et Lescure.

(Ici manque un feuillet.)

Enquiz s'il a jamais entreprins sur la ville de Salgues et s'il n'y avoit plusieurs qui lui tenoient la main à ladite entreprinse.

Respond qu'il scayt fort bien que le sieur de Margerides avoit taché ne fere mectre lad-ville de Salgues hors l'obeyssance du Roy et la fere surprendre au capitaine Redon qui est de ladite nouvelle opinion; et à cet effect debvoit ledit sieur de Margerides bailler ung sien serviteur et le mectre dans une maison qu'il disoit avoir audit Salgues, lequel serviteur devoit tenir la main aud. Redon pour ladite entreprinse.

Sur ce enquiz dict que ledit sieur de Margerides envoya vers led. cappitaine la Peyre respondant ung sien tailleur que est cousin d'ung nommé la Ferrière, soldat huguenot, pour lui dire et témoigner qu'il s'asseurast de luy et qu'il sen fiast, et oultre ladite entreprinse de Salgues, dict ledit respondant qu'il sait fort bien que ledict sieur de Margerides envoyait souvent vers le sieur d'Andelon pour l'asseurer qu'il luy tiendroit la main à le faire entrer et surprendre les villes de Langeac et Paulhaguet.

Dict en outre au serment qu'il a cy-devant faict, que ledit sieur de Margerides lui envoya ledict tailleur pour luy dire et requérir d'attraper feu M. Jehan d'Apcher, seigneur et baron dudit lieu, en une sienne mecterie qu'est près de Salgues, y ayant ung boys auprès ou ledict seigneur d'Apcher allait souvent à la chasse et en après se reposoit dans ladicte maison laquelle ilz devoient faire renverser avec de la pouldre qu'on eust mize par certaines fenêtres de lad. maison, à la charge qu'on debvoit tuer et massacrer led. seigneur d'Apcher et non le prendre à rançon; lequel tailleur venant de la part dudit sieur de Margerides uza de plusieurs prières audit respondant d'exécuter ce dessein; ce que toutefois il ne vollust faire, luy promectant de la part dudit sieur de Margerides luy donner de chevaux et moyens tant qu'il en voudroit et de luy faire faire de butins jusques à 40.000 livres; mais qu'il en vouloit en après sa part; et lorsque ledit tailleur pourta lad. parolle aud. respondant, il sen retourna avec led. La Ferrière son cousin, soldat huguenot, pour allez visiter lad. maison et pour le voyage, led. sieur de Margerides donna un sien cheval audit La Ferrière, faignant qu'il luy debvoit de l'argent.

Et en oultre dict que n'ayant vollu led. respondant fere lad. exécution, le cappitaine Redon de Langeac promist de le faire et affin que led. cappitaine Redon eust moyen de s'assurer sur led. Sr de Margerides, il luy tint la main à prendre deux prisonniers en Auvergne qui furent indiquez par led. tailleur, et à l'embusquade qui se fist dans ung bois appelé *la Croix verte*, led. de Margerides appourta pain et vin audit capitaine Redon et aultres de lad. embusquade hugnenote qui estoient là pour prendre lesd. deux prisonniers, et banqueta avec led. Redon et autres affin qu'ils s'asseurassent que apres ilz exécuteraient lad. entreprinse contre led. Sgr d'Apcher; car ils les tiendroit avertyz du jour que led. Sgr d'Apcher seroit dans lad. maison.

Exorté encores dire vérité sur led. interrogatoire des surprinses qu'il avoit en main.

Dict ledict respondant au serement qu'il a cy-dessus faict qu'il peult avoir troys ans au plus que ung nommé Preyssac, serviteur au sieur de Chavagnac de Blele, huguenot, vint requérir luy qui respond de luy prester trois pétardz, disant qu'il avoit une entreprinse à la Limanhe qu'il vouloit exécuter ; lequel respondant luy en donna incontinant ung qu'il en avoit, et en après ung nommé Saint-Flour, soldat de Figeac, huguenot, fust emprunter aussi par led. Preyssac desd. pétardz et de les aller fere jouer ; lequel Saint-Flour après qu'il fust de ce requiz parla aud. respondant et luy dist qu'il avoit esté emprunpté de la part dud. sieur de Chavanhac et du sieur de Randan, d'aller meotre le pétard à une maison du sieur de Laverdin, qu'est en France, où il s'estoit remué lorsqu'il sourtist de Negrepelisse pour attrapper dans icelle led. sieur de Laverdin, où il se tenoit, et c'estoit comme il disoit pour raison d'une querelle que led. sieur de Randan avoit avec led. sieur de Laverdin.

De rechef exorté dire vérité des entreprinses qu'il scait.

Dict que si les reistres du party de ceux de la nouvelle opinion entrent en France, comme le bruit en est, le Sr de Chastilion les doibt venir trouver en Auvergne avec autant de cavalerye et forces à pied qu'il pourra assembler, et se doibt saisir de la ville de Clermont par escalade et pétardz ; ce qu'ilz trouvent fort aisé, layant faict recognoistre deux ou troys foys ; et led. sieur de Montmorency debvoit aussi, sachant la venue desdits reistres, s'aller joindre avec eux en Auvergne, faisant il estat d'avoir deux ou troys mil chevaux reistres pour ne bouger de Languedoc, et doibvent lesdites troupes de reistres entrer du cousté de Genève, au moyen d'une ville qu'ilz ont prinse auprès de Lozane, qu'il pense estre de la Franche Comté, et ce dans deux ou troys moys, ainsin qu'ung homme venant de la part du duc de Cazemir qui appourtoit des lettres au roy de Navarre et audit sieur de Montmorency l'assuroit, comme a esté dict audict respondant par plusieurs et entre aultres par la Croze.

Aussi dict led. respondant qu'il scayt fort bien que ung nommé le sieur de Goys, gentilhomme huguenot, qui se tient près dudit sieur de Montmorency a une entreprinse sur certaine ville de Provence, laquelle entreprinse il tient secrète avec led. sieur de Montmorency.

De rechef exorté dire la vérité, dit l'avoir dicte.
Recollé en personne et s'est soubsigné.

Signé : Lapeyre.

3°

Me André de Chanolhet baillez et délivrez à Me Jehan Bompar, comis du greffier du lieutenant de prévost des mareschaux au diocèse de Mende la somme de vingt escuz vingt-sept soulz six deniers pour le rapport et espices du procès de Pierre d'Auzole, dit le capitaine la Peyre, condampné à estre mis à quatre cartiers, par sentence dudit lieutenant de prévost ou pour fournir aux fraiz de l'exécution contenuz en l'estat cy attaché. Lequel rapportant avec la présente et acquict ladite somme vous sera allouée à la despense de voz comptes et rabattue des cinq cens escuz mis entre voz mains.

Faict à Mende ce dixième septembre l'an mil cinq cens huictante six.

Pour xx e. xxvii s. vi d.
Adam, *E. de Mende.*
Brugeyronis, *vic.*

J'ay receu la susdite somme et ce pour la distribuer suyvant l'estat cy attaché ce x septembre 1586.

Bompar.

Vériffié par moy subz[e] de sindic dudit diocèse les fraiz de ladite exécution se monter ladite somme de xx e. xxvii s. vi den. a plain déclarez par l'estat cy attaché.

Bayssenc, *subz[e] de sindic.*

Estat des fraiz de l'exécution de Pierre dauzolle dict le cappitaine la Peyre condampné à estre mis à quatre cartiers par sentence de monsieur le prévost des mareschaulz au diocèse de Mende

Premièrement pour le rapport du procès. . . . xii écus.

Au charpentier pour l'escharaffault. . . . . . . III éc. I tz.
A l'exécuteur de justice pour l'exécution ou de la question. . . . . IIII éc. X tz.
Pour le faudal ou gans. . . . . XXV s.
Pour le cordaige. . . . . XV s.
Au confesseur. . . . . X s.
Au trompete. . . . . VII s. VI d.

Archives départementales de la Lozère — C. 1350.

VI.

CONTRAT DE MARIAGE

de Françoise d'Auzolles avec Mathieu de Merle

1576

A tous ceulx qui verront ses présantes, Pierre de Castel, licencie en droictz, juge et garde du scel royal estably es contractz en haute Auvergne, sallut. Scavoir faisons que par devant Anthoine Cheirac, noth[re] royal, juré dud. scel, personnellement estably noble Guyot d'Auzolles, seig. de Serre, et damoizelle Francoize d'Auzolles, sa fille naturelle et legityme et de damoizelle Francoize de la Rochette, sa mère, presante et consantante des choses cy après escriptes, d'une part, et noble homme Mathieu de Merle, gouverneur de la ville de Marvueyge en Gévaudan, d'aultre. Comme par l'advis traicté des paranz et admys desd. parties a esté parlé de fere et cellebrer mariaige d'antre led. seig. de Merle d'une part et lad. damoizelle Francoize d'Auzolles d'aultre. En esperance d'iceluy accomplir par parolles de presant, et soit de costume de constituer doct aux filles et pour elles a leurs espoux et par droict soit office de père la constituer; à ceste cauze led. sieur d'Auzolles pere a constitué et assigné, constitue et assigne a lad. damoizelle Francoize sa fille, au nom de doct et pour son droict que luy pourroyt appartenir hores et pour l'advenir, en ses biens et successions et de sad. mère presante et constituante, comme dict est, frères, seurs et aultres collacterauIx quelconques, et pour tout droict de legityme et legualle escheute la somme de mil livres, et pour et au nom d'elle aud. seig. de Merle payables dans dix ans prochains. Et en faveur et contemplation dud. mariaige, et car aultrement n'eust esté accordé, led. seig. de Merle pour l'amytié qu'il porte à lad.

espouse presante et pour elle et les siens acceptante, de son gré pour luy et les siens, a donné et donne à lad. damoizelle sad. espouse et en advenement que led. mariaige soict dyssolu par la mort dud. (sieur de Merle) lad. damoizelle survyvante, sans enfans procréés dud. mariaige, la somme de huict mil livres, et où il y auroyt enfans procréés dud. mariaige, en ce cas led. de Merle a donné et donne à sad. espouse la somme de quatre mil livres seullement, et oultre ce, survyvant icelle damoizelle Françoize y ayant enfans ou non dessandus dud. mariaige, icelluy seig. de Merle a donné et donne à lad. damoizelle Françoize tant qu'elle demeurera en viduité pour son dohere la somme de troys cens livres à icelle prandre chascun an sur tous et chascuns ses biens. A illec presant noble homme Cristofle de Chavaignac, seig. dud. lieu, lequel pour luy et les siens à la prière dud. de Merle et soubz promesse que led. sieur de Merle a faicte aud. sieur de Chavaignac de le indampniser et les siens c'est icelluy seig. de Chavaignac randu respondant et principal payeur pour led. seig. de Merle envers lad. damoizelle Françoize et les siens, losd. cas advenant de lad. somme de huict mil livres et troys cens livres par an jusques à tant que led. seig. de Merle aura achepté et placé en fonds en son pays d'Auvergne pour satisfere equipollant à lad. responsabilité et sur lesquelles losd. sommes seront assignées aud. cas. Et en ce faisant led. seig. de Chavaignac demeure et demeurera quicte et deschargé de lad. responsabilité. Davantaige a esté accordé entre lesd. parties que led. mariaige venant à se dissoudre par le decepdz dud. seig. de Merle, survyvante lad. damoizelle, avec enfans dessandus dud. mariaige aud. cas led. seig. do Merle a donné et donne auxd. enfans en precipput et advantaige de ses aultres heritiers la quatriesme partye de tous et chascuns ses biens presans et advenir, meubles, immeubles, noms, debtes et actions, led. notaire comme personne publicque pour lesd. enfans presant et acceptant. Et moyennant lad. constitution de doct faicte par led. seig. de Serre à lad. damoizelle Françoize sa fille, lad. fille espouse future a confesse estre bien douhée et avoir heu sa juste part et pourtion des biens de sesd. pere et mere, et icelle a quicté et quicte en faveur de sesd. pere et mere. Lesd. parties respectivement presantes, toutes les choses desusd. faisans à leur profict stipullant et acceptant soubz leur foy et serement et soubz l'obligation et yppoteque de tous et chascuns leurs biens presans et advenir, ont promis tenir, garder et observer le contenu des presantes et n'y contrevenir; et renonssant respectivement à tous droictz exceptions et deffanses, tant de faict que de droict, par lesquelles pourroyent venir contre ses presentes ou partie d'icelles; et au droict disant la generalle renonciation ne precedde ou syyt subsequante. Et pour ce dessus tenir et accomplir ont vollu lesd. parties estre contrainctes et compellées et leurs successeurs par les rigueurs et compulsions des courtz des baillaiges, chancelleryes des montaignes d'Auvergne et Senneschaussée d'Auvergne, baillaige de Gévaudan, cours de Nismes et par tous aultres cours, et n'en veulent estre admises ne receues à aulcune chose dire, proposer ne alleguer contre ses présantes ou parties d'icelles par interposition réelle ne aultrement sans au préallable consigner entre les mains l'ung de l'aultre la somme dont sera question.

Ce fust faict et passé au lieu Roffiat en présence de noble et puyssant seigneur Reymond de la Tremoliere, seig. dud. lieu, Pierre Daurcilhe, compte et chanoyne de Brioude, Jehan de Chavaignac seig. d'Aubepeyre, noble Annet de Besse seig. dud. lieu, Guy de Grisols seig. de Vareilhes, Pierre de Montredon seig. dud. lieu, le vingtiesme jour d'octobre mil cinq cent soixante-seize; lesquelles parties et les tesmoingz ont signé au sumptum original des présantes ce jour, led. de Serre n'a sceu signer. En foy de quoi le scel royal à ces présantes avons faict mectre et aposer, et signé Cheirac notaire royal, pour lad. Françoize et les siens. Et scellé aulx armes du Roy nostre sire.

Personnellement estably noble homme Mathieu de Merle Gouverneur de Marveuge en Gévaudan et damoizelle Françoize D'Auzolles sa femme, lesquelz de leur bon gré et bonne vollumpté tant conjoinctement que séparement ont faict et constitué leurs procureurs généraulx et spéciaulx discretz hommes et saiges Mes Anthoine Brun (1) et chascun d'eulx pour comparoir par-devant Mons. le Senneschal d'Auvergne ou son lieutenant et par-devant tous aultres juges qu'il appartiendra ou leurs lieutenans et illec pour eulx requerir et consentir recyproquement à l'insignuation de lad. donnation faicte par led. de Merle en faveur de lad. damoizelle sad. femme de poinct en poinct, comme est porté par l'ordonnance du Roy, et generallement fere et dire, etc.; promettant moyennant leur serement et obligation de leurs biens tenir et avoir agréable tout ce que par eulx sera sur ce faict, et iceux rellever de toute charge. Faict et passé au chasteau de Sailhans en présance de Me Jehan Tropenat nothaire royal et noble homme Annet de Besse escuyer seig.

(1) Le nom du second procureur est resté en blanc.

dud. lieu, tesmoingz appellés qui ont signé comme aussy l'ont lesd. constituans le dymanche dix huictiesme jour de novembre mil vc soixante seize. Signé Perrin (?) not. royal, de Merle, d'Auzolles, Besse présent, Troponat présent, et scellé aux armes du Roy, etc.

(Mention de l'insinuation le 18 décembre 1576, signé Mangon.)

(Archives départementales du Puy-de-Dôme. Registres des insinuations, vol. XXXVI, fol. 398 v°.

VII.

Assise de Durbiat tenue et expédiée audict lieu et près de la croix, par honnorable homme Me Gabriel Cavard, baille, le xiiij jour de novembre l'an mil six cents et dix neuf.

Pierre d'Auzolle, escuyer, seigneur de la Picardie, demandeur en requête contre noble Jacques d'Auzolle, escuyer, sr de Durbiat, son père, par icelle led. sieur de la Picardie fils, a prié et requis led. sieur de Durbiat son père de l'esmanciper affin qu'il puisse ester en jugement, negocier et faire ses affaires sans son sceu pour acquérir, vendre et alienner et autres ses affaires ou il seroict besoin de lad. émancipation en agréant celle du 16e juillet mil six cents dix huict que led. sieur de Durbiat avait ci devant faicte, lequel sr père present a declaré et declare à son fils qu'il l'esmancipe comme estant digne et capable et luy donne pouvoir et puissance de faire et negocier ses moiens et affaires sans son authorité ainsi que bon lui semblera et faire son profict et contracter, acquérir, transhiger et obliger tout ainsin et de mesme qu'il eust peu faire avec sa permission et faire son profict de tous les usufruicts des biens par luy acquits ou qu'il acquera à son profict : ce que led. sieur de la Picardie fils a accepté et humblement remercié sond. père et de tout ce nous en a requis acte. Nous audict sieur de la Picardie fils avons octroyé acte de lad. declaration, esmancipation et consentement faict par led. sr de Durbiat père à sond. fils et icelluy du consentement de sond. père l'avons esmancipé et esmancipons et de tout ce luy avons octroyé acte pour luy valloir et servir ce que de raizon.

Archives du château de Durbiat. — Communiqué par M. Stéph. de Cisternes.

ACHEVÉ D'IMPRIMER

à cent exemplaires

PAR F. BOUDOUNELLE, IMPRIMEUR A SAINT-FLOUR

le 31 décembre 1889

www.ingramcontent.com/pod-product-compliance
Lightning Source LLC
LaVergne TN
LVHW010034230826
846091LV00005B/1692

* 9 7 8 2 0 1 3 4 0 5 0 2 7 *